宮崎正也 Masaya Miyazaki 著

DEMAND SIDE

デマンド・サイド経営学

顧客と共創する使用価値

中央経済社

はしがき

　春の就職活動時期になると「先生，就職先としてどのような会社が良いでしょうか？」という質問を，私は学生からされることがあります。それに対して私は「会社に入って仕事をしたことがないからわかりません」と，決まって答えています。そうなのです。私は，18歳で大学に入学して以来，大学に所属する学生・学者として人生を過ごしています。大学で経営学なるものを講義している身でありながら，実際に会社で仕事をした経験が私にはありません。

　こんな私ですから，経営学の教科書に書かれている内容に対して，どうしても腹の底から理解できているという実感がもてないでいました。その理由は明白です。生産者または供給者の立場から物事を見るという，会社員でしたら当然もつはずのクセが私にはついていないからだと思います。私の「会社経験」とは，消費者として様々な会社と関わったときの経験がすべてです。「あの会社の商品／サービスはよかった，役に立った，また利用したい」などの需要家としての感覚だけが，私の「会社経験」なのです。だから，会社を主役の座に据えて供給者視点で書かれた経営学の教科書をいくら読んでも，私の理解はほとんど深まりませんでした。

　そこでふと思いついたのが，「ならば私の弱点を逆手にとって，徹底的に需要家視点で会社経営を描いてみたら，それが"差別化された優位性"になるのではないか」という考えです。このように，少しひねくれた発想から執筆に取り組んだのが本書です。執筆に当たり，様々な先達が書いた文献を読み進めていくと，私の感覚にフィットする，需要家視点で会社経営の問題を議論した「仲間の文献」と数多く出会うことができました。それらの需要家視点の経営論を体系的に整理して「デマンド・サイド経営学」を提起するのが本書の試みです。

　しかしながら，本書を書き上げた現在において，私はついに供給者視点に立つことになりました。作り手の悩みを抱えることになったのです。私が苦心し

て書き上げた本書は，私の独りよがりであり，世の中の誰一人として受け容れてくれないのではないかという不安があります。本書が，読者の何らかの役に立つことを祈るばかりです。読者という顧客の需要家視点によって，私の主張が受容されるかどうか，それが問われています。顧客（読者）がいなければ，本書の存在価値も無きに等しいでしょう。

　先ほどの学生からの問いに対して，今の私ならシュールにほほえみながら，きっとこう答えます。「お客さんがしっかりいる会社。そういう会社が就職先として良いのではないでしょうか」と。

謝辞

　明治生まれの父方の祖父母と大正生まれの母方の祖父母が私に残してくれた良き想い出に，戦後の昭和生まれの父母から常々受けている愛情がたっぷり込められた数々の支援に，そして平成生まれの二人の息子たちの日々の健やかな成長に，すべて感謝しています。最後に，同い年でともに同時代を生きていく人生のパートナーである妻に「ありがとう！」。

令和元年の初月に

宮崎　正也

目　次

序章　デマンド・サイドからの視点 ………………………… 1

1. 素朴な考え　1
2. 本書の構成　5

第1章　価値とは何か？ ……………………………………… 7

1. 古切手に価値はあるのか　7
2. いくらまでなら払えるか　8
    2.1　1回目の回答結果　8
    2.2　2回目の回答結果　9
    2.3　切手の価値は？　10
3. 使用価値と交換価値　12
    3.1　古切手の交換価値　13
    3.2　貨幣の価値とは？　14
    3.3　物神性による人間関係の潜在化　16
4. 顧客はいるか？　18
5. 顧客価値を生む経営　20
    5.1　顧客の獲得価値　21
    5.2　業界全体の獲得価値の構図　22
    5.3　獲得価値の創造的拡大：2つの方向性　24
6. 本章のまとめ　25
    ［付録］「メートル」と「キログラム」の現代的な定義　27

第2章 使う人の喜び ⋯⋯⋯⋯⋯⋯⋯⋯⋯⋯⋯⋯⋯⋯⋯⋯ 29

1. 企業は顧客の使用価値を知らない　29
2. 使用価値の中身　30
   - 2.1 使用価値（消費者価値）の意味するもの　30
   - 2.2 使用価値のタイポロジー　32
3. サービスをすべての中心に考える　36
   - 3.1 サービス・ドミナント・ロジック　37
   - 3.2 バリュー・プロポジション　43
   - 3.3 ジョブ理論　47
4. 本章のまとめ　49

第3章 無から有を生み出す努力 ⋯⋯⋯⋯⋯⋯⋯⋯⋯⋯⋯⋯ 51

1. 交換価値を形づくるもの　51
   - 1.1 芸術の価値とは？　51
   - 1.2 仮想通貨の価値は？　53
   - 1.3 貨幣の役割　57
2. 薄れていく交換価値　60
   - 2.1 GDPで測れない価値　60
   - 2.2 すべてが「フリー」になるとき　62
   - 2.3 交換価値の回復をめざす取り組み　63
3. 使用価値から顧客の支払意欲を引き出せるか　65
   - 3.1 使用価値を曖昧にしてしまう製品の「大きな塊」　66
   - 3.2 所有から利用へ　67
   - 3.3 匿名性から顕名性へ　68
   - 3.4 利用権の販売における課金方式　68
4. 本章のまとめ　71

目　次　iii

第4章　よい流れをつくる ………………………………………………… 73

1. 不快なニュース　73
2. 顧客が受け取ってくれるものを開発する　74
   - 2.1　受取手（顧客）を見つける　74
   - 2.2　顧客の受容可能性を求めて　76
   - 2.3　製品開発より顧客開発　79
3. 顧客が継続して受け取るものを生産する　87
   - 3.1　生産活動の「流れ」をつくる　87
   - 3.2　顧客の受容する生産物をつくる　90
4. 本章のまとめ　94

第5章　偏在する知識の遍在性 ……………………………………………… 97

1. 分権とは？　97
   - 1.1　集権的ディストピア　97
   - 1.2　分権の構造特性　99
   - 1.3　ピア・ネットワーク　100
2. 調整の方法　102
   - 2.1　売り逃しの調整　103
   - 2.2　売れ残りの調整　104
   - 2.3　集権的／分権的な調整と顧客知識　106
   - 2.4　プラットフォームを介した調整　108
   - 2.5　アテンションの配分　109
3. プロセス重視の組織　112
   - 3.1　専門化の限界点　112
   - 3.2　顧客志向の「プロセス中心型組織」　114
4. 本章のまとめ　117

第6章 人々の活動を導くもの …………………………………… 121

1. 自主管理型組織　121
   1.1　自分で作るマニュアル　121
   1.2　立憲主義的な経営組織　122
2. 戦略と実践慣行の進化　127
   2.1　戦略策定と戦略実行　127
   2.2　実践としての戦略　129
3. 企業目的の効能　131
   3.1　目的を企業の中心に　132
   3.2　目的と目標の違い　134
   3.3　企業目的の追求から生じる企業価値　135
4. 本章のまとめ　136
[付録]　ホラクラシー憲法 バージョン4.1（概略）　139

第7章 活動の統合と展開 …………………………………… 141

1. 活動の統合による新規事業開発　141
   1.1　骨の折れる仕事　141
   1.2　動学的取引コスト／企業の境界　142
   1.3　アダプションチェーン・リスク　145
   1.4　企業間の協働　147
2. 活動の組み合わせとしての企業　148
   2.1　バリュー・チェーンとバリュー・ショップ　149
   2.2　活動システム／差別化システム　153
3. 価値ネットワーク　155
   3.1　顧客ニーズに寄り添うコンテキスト　155

目　次　**v**

　　3.2　入れ子状の階層構造：製品構造と企業の取引関係　157

　　3.3　分断的イノベーションの脅威　158

4.　本章のまとめ　160

終章　活動価値受容者ネットワーク（AVAN） ………… 163

1.　デマンド・サイド経営学の構想　163

2.　価値主義と活動ベースで経営を考える　164

　　2.1　製品／サービスに「価値」は内蔵されていない　164

　　2.2　製品／サービスの「流動性」を確保・維持する　166

　　2.3　顧客の受容を実現させる「プロセス」をもとに
　　　　組織をつくる　168

　　2.4　企業目的と明快なルールが諸活動を秩序化する　170

3.　将来的な課題　171

　　3.1　「自社」の分析について　171

　　3.2　「競合企業」の分析について　172

　　3.3　内部から生起する終わりのない変化　173

▶参考文献　175

▶語句索引　185

▶人名索引　190

AVAN : Activity-Value Acceptors' Network

序章 デマンド・サイドからの視点

1. 素朴な考え

　今朝の出勤時，いつものように私は「おはようございます」と，顔見知りの隣人にあいさつをしました。私のあいさつに応じて，その方も「おはようございます」と笑顔で返してくれました。天気も良いので，私は最寄り駅までの十数分の道のりを歩きました。のどが渇きそうです。私は，途中のコンビニで，職場に着いてから飲むために，緑茶の500mlペットボトルを買うことにしました。ポイントカードのポイントが貯まっていたので代金をポイントで払いました。その後，駅に着くと，私はカバンの中からIC乗車カードを取り出して，改札口をピッと通り抜けました。私は電車を降りて，職場に到着しました。

　午前中に，私は片づけなくてはならない各種の手続書類を記入・作成して，それらを事務方の担当者に提出しました。また，夜間に届いていたいくつものメールに返信を書いて送信しました。あっという間に昼食の時間です。私は，近所のラーメン屋に行き，750円の味噌ラーメンを注文して，店員に千円札を渡してつり銭を受け取りました。汗っかきの私は，額の汗をハンカチで時々ぬぐいながら，味噌ラーメンを食べ終わります。さて，仕事に戻りましょう。

　上記は，何の変哲もない日常生活の一コマです。ものごとが滞りなく進んでいます。それは私のとった行動に対して，関係者の誰もが拒否することなく，それを受け容れてくれたからだと思います。

　私が，あいさつしたときに隣人が笑顔で受けとめてくれない，コンビニで緑茶を買うときにポイントでの支払いを受け容れてくれない，駅の改札口でIC乗車カードを（料金不足や故障などで）受け付けてくれない，私が作成した書

類を事務担当者が受け取ってくれない，作成したメールを相手が受信してくれない，ラーメン屋で（つり銭不足のため）千円札を受け容れてくれない，などの不運な状況が発生する可能性は意外とあるかもしれません。

受取手の存在，これが経済社会の様々な局面で重要な役割を果たしていると考えられます。受取手がいることで，個人の生活は滞りなく前に進みますし，同様に，受取手がいることで，企業の経営活動も成立するのだと思います。

『任天堂："驚き"を生む方程式』という本の中で，元社長の岩田聡が「受けたいんですね，要は人々に。受けたいからやっていて，そしてその受けてくれるお客さんの数が多いほど，私たちは自分たちの仕事の達成感が大きくなる。任天堂の意図はあくまでお客さんに喜んでもらうこと。我々が作ったものでお客さんにニコニコしてもらうことです」（p.157）と言っています。

岩田の認識では，娯楽品は生活必需品とは違い，厳しい目にさらされているそうです。必需品であれば，ユーザーは必要に迫られて説明書を読んでくれるし，使い勝手の悪さにも多少は目をつむってくれます。しかし，ゲームのような娯楽品に対して，人は我慢しません。説明書は読まないし，わからなければ全部作り手のせいにされます。だから，ユーザーが楽しんでいるときに不愉快になるような要素は，徹底的に取り除く努力をするのだそうです。

確かに，人が生きるうえで娯楽品は，死活的に重要なものだといえませんから，それを作る企業は，受取手の存在を最も強く意識させられるのでしょう。とはいえ，生活必需品も含めて，あらゆる商品には受取手，すなわち顧客が絶対に必要です。実際に，新しい事業を立ち上げようとする起業家のための指南書の中では，まず顧客を起点に据えて事業化の戦略を練るべきであると解説されることがほとんどです。

たとえば，リドー（Lidow, D.）の著名な起業家向け教科書にある「戦略についての基本的な10の質問」（pp.211-231）を示すと，次のようになります。

1．誰があなたの商品を買いたいと思うか？
2．なぜ彼らはあなたの商品を買いたいのか？
3．顧客は，どうやってあなたの商品を見つけるか？

4．顧客はどこであなたの商品を買うか？

5．顧客はいくら支払ってくれるか？

6．商品を作り，提供するのにどんなプロセスを使うか？

7．成功のために，特別なスキルは必要か？

8．商品を作り，提供するために，何か重大な要因があるか？

9．商品を作って提供するにはコストがいくらかかるか？

10．商品を提供し，顧客を見つけて満足させ，会社を運営する基本的なプロセスを築くにはいくらかかるか？

　上記の質問項目のうち，前半の5項目において，顧客が主語として語られています。後半の5項目は，企業を主語として設定された質問になっています。

　また，経営コンサルタントとして有名な大前研一も，戦略論をテーマにした著作において，「顧客」を最優先に考えることが戦略プランニングの本質であると述べています。製品企画・製造・販売といった活動は，「どれくらい顧客ニーズを満たすものか」を点検する必要があると指摘し，戦略は「顧客ニーズ」を最優先事項にして立案すべきであると，彼は主張しています。

　つまり，先に挙げた戦略に関する10の質問に登場する「企業主語」の5項目は，その前に置かれる「顧客主語」の5項目をきちんと検討できたうえではじめて意味をもつものとなります。やはり企業主語で語ると，どうしても競合他社との比較における自社の競争優位をどのように構築するのか，という視点に向かいがちです。しかし，大前も言うように，ライバルに勝つことだけに血眼になると，自社の戦略は相手の出方次第でくるくる変わる受身的なものになってしまいます。だから，「顧客価値」を戦略立案の基盤にすべきであると，彼は述べているのです。

　私は，上記の岩田，リドー，大前らの見解が，私たちの日常生活における諸経験に照らして見ても，十分に納得のいくものだと思います。製品／サービスの受取手である顧客を確保することができなければ，いかなる事業も成立しません。それゆえ，企業経営について解説するのが目的である本書は，受取手の存在／不在を徹底的に意識するという，あまりにも当たり前で，素朴な考えの

【図表序−1】

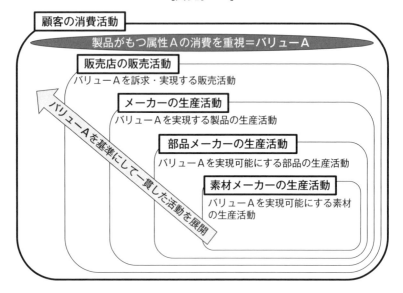

出所）筆者作成

もとで書きたいと思います。自社の製品／サービスに対する「顧客の受容可能性」を確保・維持・向上させるためにどうしたらよいのか，と考える「デマンド・サイドからの視点」で企業の経営活動を理解していくつもりです。

　私が想定している，デマンド・サイド視点からの企業活動をイメージすると，図表序−1のように描けます。最終消費者の手に製品／サービスがわたるまでの間に，重層的に「顧客＝企業」関係が存在しています。図に即していえば，素材メーカー，部品メーカー，製品メーカー，販売店，そして消費者へと次々に受取手（と受取手の生産＆消費活動）の連鎖が存在していると考えるのです。

　たとえば，私がコンビニで購入した緑茶（500mlペットボトル入り）があります。手軽に購入できて，のどの渇きをいやせて，冷たくてローカロリー，そして持ち歩きしたいというニーズが，それを入手した時の私にありました。このよくありがちだけれど実は複雑なニーズを，この緑茶飲料に関わるすべての企業（コンビニ・飲料メーカー・部品メーカー・原料メーカーたち）が充足さ

序章　デマンド・サイドからの視点　　5

せています。この見事な連携プレーを成立させることこそが，経営の重要課題
でしょう。

2．本書の構成

しかしながら，自社の製品／サービスに対する「顧客の受容可能性」を確
保・維持・向上させるために，自社の企業活動を組み立てながら，同時に関係
する他企業（協力企業）の活動をも編成していく，というデマンド・サイド視
点の重要な経営課題について，包括的に取り上げた経営学の本はあまり見かけ
ません。本書は，この問題に対して少しでも光を当てることを目的にしていま
す。

第1章では，「価値」概念を整理することで，「顧客にとっての価値とは何
か」という点を明らかにします。第2章では，企業経営の中で「使用価値」の
概念が果たす役割について検討します。第3章では，製品／サービスの「交換
価値」を企業がいかにして確保するのかを模索します。第4章では，受取手と
なる顧客を開発して，自社商品の流動性を高めるうえで有用な経営手法を整理
します。ここまでの前半部分が，デマンド・サイド視点による企業経営を理解
するためのミクロ的な要素の解説になります。引き続き，後半部分ではマクロ
的な要素の解説に移ります。第5章では，「顧客の受容可能性」を意識できる
経営のための組織構造を検討します。第6章では，受取手を重視する企業活動
を導く経営戦略を議論します。第7章では，デマンド・サイド視点での企業間
の取引関係を理解するためのモデルを紹介します。終章は，結論と課題を提起
します。

第1章　価値とは何か？

1．古切手に価値はあるのか

　先日，私は実家に帰省して，押し入れの中にしまい込んでいた自分の持ち物を整理しました。その中から，私が子供の時に祖母からもらって少しだけ集めていた古切手を再発見しました。正直に言って，現在の私には古切手に対する思い入れは全くありません。荷物整理の一環で，これら古切手も不要物として捨ててしまおうと思いました。しかし，ふとした気まぐれから「もしかしたら古切手でも買い手がつくかもしれない」と思い直し，私はWeb検索で切手コレクター向けの切手販売サイトを調べてみました。当然，所詮は素人である私の手元にある古切手は，一般によくありがちなものであり，二束三文程度の値段でした。売買手続きの面倒を考えて，結局，ゴミとして処分しました。

　ところが今回，切手趣味人向けの切手販売サイトを見ていて，郵送には使えない古切手であるにも関わらず，高額で販売されているものが一部にあることを知り，私は驚きました。たとえば，1936年発行の10銭切手（東照宮陽明門の絵柄）が1,340円（送料別）で，また1961年発行の「使用済み消印つき」10円切手9枚組（ソメイヨシノ桜の絵柄）がなんと24,000円（送料別）で販売されていたのです。前者は有名観光名所の絵で未使用のきれいな切手らしいので，観賞用として評価する人もいるのだろうと，私にも理解できました。しかし，後者は未使用であれば10円切手として郵送に使用できるはずですが，使用済みなので使えません。さらに，消印が押されていて絵が隠れて見えず，観賞には不向きですし，そもそも当時の未熟な印刷技術のせいで印刷にムラ（個体差）があるといいます。なぜ，使いみちのない廃品のような使用済み切手が，高額

で売買されるのでしょうか。私は，にわかに理解できず，いったいどのような考えの人が，これらの古切手の購入者になるのだろうかと思いました。

2．いくらまでなら払えるか

郵送に使用できない，ただの紙切れに過ぎない古切手の購入のために，少なからぬカネを支払う人がいるのは確かです。そこで私は，先の2つの古切手の例を使って，大学生にアンケート調査をしました。回答に協力してもらったのは，私が担当する講義に出席していた206人の受講生です。彼らに対して，「それぞれの古切手を購入するとき，あなたが支払ってもよいと思う最高価格を教えてください（支払価格の範囲は0円〜上限なしとする）」という質問と，「あなたが答えた支払価格の理由を教えてください」という質問をしました。

私が感じた驚きを彼らにも共有してもらいたかったので，質問は2段階に分けて実施しました。第1段階では，切手販売サイトでの取引価格に関する情報を一切伝えず，各切手の絵柄や額面価格，発行年，郵送使用不可であることなどの外見的な属性だけを提示して，それだけを判断材料として支払価格とその理由についての回答を求めました。ひと通り1回目の回答が済んだあと，第2段階として，切手販売サイトでの取引価格を参考情報として彼らに提示し，1回目と全く同じ質問に再び答えてもらいました。その際，「高額な」取引価格を知らされた学生たちの中から，私と同様に驚きの声が上がっていました。それでは順を追って回答結果を見てみます。

2.1　1回目の回答結果

1回目の回答において，10銭切手に対して「0円」と答えた人は，206人中の45%，「1円以上の価格」を回答した人は55%でした。この回答価格の範囲は1円から10,000円まで散らばっており，回答数の多かった価格は100円の48人でした。そして，使用済み10円切手9枚組に対して「0円」と答えた人は，206人中の77%，「1円以上の価格」を回答した人は23%でした。この回答価格

の範囲は1円から50,000円まで広く散らばっており，回答数で最も多かったのは100円と10円で，各6人でした。

次に回答価格の理由について見ていくと，10銭切手を0円と評価した人たちでは，「実用性がなく，郵送に使用できないから」「収集に興味がないから」という回答理由がほとんどでした。一方で，10銭切手に値段をつけて回答した人たちは，「骨董品として，稀少価値や入手困難さがあり，値上がりが期待できるから」「転売できるから（ただし売れ残りリスクを考慮した価格で仕入れる）」「絵柄がきれいで観賞用としての価値があるから」「コレクション欲から，所有に意義を感じるから」「珍しいものを持ちたいから」「友人などに自慢したいから（話題提供に使える）」などを理由として挙げていました。

また，使用済み10円切手に対して0円と回答した人たちの主な理由は，「実用性がなく，郵送に使えないから」「欲しいと思わない，0円でもいらない，所有して満足を得られないから」「観賞用に適さないから（絵がきれいに見えない）」「使用済み切手の用途が思いつかないから」というものでした。一方で，使用済み10円切手に値段をつけて回答した人たちは，「骨董品として，稀少価値や入手困難さがあり，値上がりが期待できるから」「転売できそうだから」「珍しいものを持ちたいから」という理由を主に挙げていました。

ちなみに今回の調査では古切手と対比するために，現行の1円切手（普通切手）についても，同じ質問を彼らに投げかけました。その結果，「額面価格の1円で購入する」と回答した人は，206人中の93%でした。「0円」回答は3%，「額面価格以上」回答は4%でした。1円と回答した人たちの理由は，「郵送に使用するから（端数価額の調整に必要）」「どこでも入手できるから」でした。一方，0円と回答した人たちの中心的な理由は，「使用する機会がないから（不要）」であり，また，額面価格以上で回答した人たちの主な理由は，「緊急時で必要性が高いときなら仕方ないから」というものでした。

2.2　2回目の回答結果

次に，切手販売サイトの取引価格を学生たちが知った後の2回目の回答結果

についてです。いずれも送料別で，10銭切手は1,340円，使用済み10円切手9枚組は24,000円の販売価格であることを踏まえたうえでの回答結果です。

　10銭切手の場合は，「０円」回答が206人中の24%，「１～1,340円」回答が74%，「販売価格以上」回答が２％となりました。「100円」が最多で37人，「500円」が次点で28人，「1,340円」は８人という回答分布です。回答理由としては，「０円」回答者は「必要ない，使用できない，収集の趣味がないから」と「売れるかわからないリスクがあるから」が多くありました。値段をつけた回答者では，「売却差益が欲しいから（転売するにしても売れないリスクを考慮した価格で仕入れる）」という理由が多く寄せられました。

　使用済み10円切手の場合は，「０円」回答が206人中の28%，「１～24,000円」回答が71%，「販売価格以上」回答が１％となりました。「1,000円」が最多で25人，「10,000円」が次点で23人，「24,000円」は６人という回答分布です。回答理由としては，「０円」回答者は「必要ない，使用できない，収集の趣味がないから」「売れるかわからないリスクがあるから」と「絵がきれいに見えず，観賞用に適さないから」が多くありました。値段をつけた回答者では，「売却差益が欲しいから（転売するにしても売れないリスクを考慮した価格で仕入れる）」という理由が多く寄せられました。

　この２回目の回答結果の分布と回答理由の傾向は，10銭切手と使用済み10円切手では同じになりました。切手販売サイトでの取引価格の情報を知ったあと，彼らの古切手に対する評価がどのように変化したのかを見るために，１回目と２回目の回答価格の変化を追うと，**図表１－１**のようになりました。10銭切手について回答価格を上昇させた人は，全体の54%でした。使用済み10円切手について回答価格を上昇させた人は，全体の66%でした。いずれも当初の回答では０円または低価格を回答していた人たちが，切手販売サイトでの予想外の取引価格を知り，２回目の回答で価格を上昇させたのです。

2.3　切手の価値は？

　そもそも切手とは，「郵便サービス」の利用料金の支払済み証明書です。本

【図表1－1】

回答価格変化	10銭	使用済み10円
上昇	*54%*	*66%*
同一	40%	33%
低下	6%	1%
計（206人）	100%	100%

出所）筆者作成

来，発行者側が想定している切手の使用目的は，このように単純明快です。1円切手の購入者は，1円分の郵送サービスを利用できます。額面価格1円の切手であれば，1円分の使用価値をもちます。そして，郵送サービスを利用するためという，明確な使用目的が1つだけ存在しています。したがって，現行の切手の価値は，誰もが容易に判断できるでしょう。実際，先の調査結果においても，93％の回答者が1円切手は額面の1円で購入すると答え，郵送で使用するからという理由が述べられました。逆に，使用する機会がないからという理由を示した人は，0円として回答していました。つまり，現行の切手は，切手が本来もつ単一の使用目的に従った使用価値として，一般的に評価されることがわかりました。

しかし，古切手の場合は話が異なってきます。当然，古切手や使用済み切手は，郵便サービス料金の支払済み証明書に使うことはできません。それゆえ，古切手や使用済み切手は，誰もが共有する単一の使用目的を喪失しているといえます。事実上，人それぞれに古切手や使用済み切手の使用目的が多様化しているのです。調査結果に表れていたように，「観賞するため」「所有欲を充足させるため」「友人との話題作りのため」「転売差益を獲得するため」など，それぞれの人にとっての古切手の使用目的と使用価値が異なります。つまり，古切

手には，複数の異なる使用目的が存在する可能性があるため，その価値を単一的に評価することが困難であるといえます。

とはいえ，切手趣味人向けの切手販売サイトにおいて，古切手や使用済み切手の数々が，一定の価格をつけられて実際に販売されています。これらの価格設定の試みは，なぜ可能になるのでしょうか。この辺の事情を理解するために，使用価値とともにもう１つの重要な経済学概念である交換価値について見ていきましょう。

３．使用価値と交換価値

私の家の庭に雑草が生い茂り，私がいつも草抜きに苦労していたとします。ところが，ある日，これまで雑草だと思っていた草が，実は食用可能なハーブであったことに気づきます。そのハーブを摘み取り，今晩のパスタ料理の材料の一部として使います。そして家族とともに，その雑草ならぬハーブを使った料理をおいしく食べ終わります。このときハーブが私と家族に提供してくれたものが，使用価値です。つまり，人間の諸活動の中で使用されるモノ（あるいはサービス）がもつ有用な性質のことです。この使用価値は，そのモノと使用者との直接的な関係のうちに発生します。「雑草」ならば私にとって価値がなかったけれども，「ハーブ」ならば私にとって使用価値が生まれるのです。そこにあるのは，あくまでも使用者（私）とモノ（草）の関係だけです。

近年は，食品スーパーの青果売場で様々な種類のハーブが並べられて売られています。農家が専門的にハーブを栽培して，小売店経由で数十円から数百円で流通販売されています。この場合，ハーブは消費者が金銭を支払って購入する商品になっています。単純化していえば，農家はハーブを生産して消費者から代金を受け取ります。一方，消費者は代金を支払ってハーブを購入します。つまり，農家と消費者との間に交換関係が発生しています。このとき農家は，自家消費する以上の大量のハーブを商品として生産しているはずです。その生産したハーブを消費者に買ってもらわなければなりません。そのためには，

ハーブが消費者にとっての使用価値をもつ必要があります。消費者は，自分自身にとって有用でないもの（使用価値のないもの）は欲しがりませんから。

　もし，農家がハーブ栽培事業で成功したければ，農家自身の使用価値や好みは脇に置き，消費者にとっての使用価値や好みを優先させてハーブをつくらなければなりません。自己満足ではない，他者を喜ばせるための生産活動を行うことで，「他人のための使用価値」あるいは「社会的な使用価値」を作り出すことが，重要課題になります。

　「社会的な使用価値」があれば，その商品は誰かが次に引き取ってくれるし，売り渡し先があるということになります。これが交換価値にほかなりません。モノ（またはサービス）の消費局面では，個人的に自らを喜ばせる使用価値が重要視されます。一方で，モノ（またはサービス）の交換局面では，他人（消費者）を喜ばせる観点に立って創出される交換価値が重要視されるのです。

3.1　古切手の交換価値

　それでは，使用価値と交換価値の考え方にしたがって，先ほどの古切手に関する調査結果を振り返ってみます。古切手や使用済み切手に対して，一定の支払い価格を回答した人たちの理由を見ると，「観賞するため」「所有欲を充足させるため」「友人との話題作りのため」「転売差益を獲得するため」などと多様化していることが確認できました。

　このうち「観賞するため」「所有欲を充足させるため」「友人との話題作りのため」という理由を述べた回答者たちは，自らを最終消費者として位置づけていると思われます。つまり，彼らは自分自身にとっての使用価値の観点から，支払ってもよい価格を回答しています。

　一方で，「転売差益を獲得するため」と回答した人たちは，自らが最終消費者ではなく，はじめから他人に古切手を商品として転売することを想定して，支払ってもよい価格を回答しています。このとき，彼らは売れ残りのリスクを考慮していますし，「他人のための使用価値」を推測しています。したがって，彼らは交換価値の観点に立って考えています。

実際，図表1-1の結果に見られたように，切手販売サイトでの高額な取引価格情報を知った後の回答者たちの大多数は，古切手の入手のために支払ってもよいと考える価格を上昇させています。つまり，外部から与えられた取引価格情報により，自分自身の使用価値に基づく価値判断に加えて，「他人のための使用価値」すなわち古切手の交換価値を意識して価値判断するように，一部の回答者たちは考えを変化させたのだといえるでしょう。要するに，自分自身にとっては，仮に使用価値がゼロの古切手であっても，世の中の誰かにとっては高い使用価値があるだろうという推測を働かせた結果，古切手に対して交換価値を見出したというわけです。

3.2　貨幣の価値とは？

道を歩いていて一万円札が落ちていたら，ほとんどの人が気になって拾い上げるでしょう（その後，交番に届けるか懐にしまうかは，その人の倫理観に依存しますが…）。いずれにせよ簡単には無視できない「10,000円」分の交換価値がそこにあるからです。ところが，道端に落ちているのが子供向けおもちゃの札束でしたら，はたしてどのくらいの人が拾い上げて交番に届けるでしょうか。おもちゃの札束には，一般的な交換価値はありませんから，ほとんどの人は容易に無視して通り過ぎることができるでしょう。

しかし，待ってください。物理的な状況を考えれば，一万円札はおもちゃの札束と同じく，ただの紙切れにすぎません。どうして私たちは，小さな紙片に対して「ありがたみ」を感じてしまうのでしょうか。ジンメル（Simmel, G.）の『貨幣の哲学』という本でも，「貨幣は本質的には価値ある対象ではない」と明言されています。

ジンメルは，他の品々の相互の価値関係を表現するための測定手段として，貨幣を捉えます。その際，彼は「測定手段は測定される対象と同じ性質をもたなければならない」と指摘します。長さをメートル法で測定するなら1mという単位はその具体的な長さを性質的に示す必要があるし，質量をキログラムで測定するなら1kgという単位の具体的な質量を性質的に示す必要があります。

だから同様に，価値の尺度は何らかの具体的な価値をもたなければならないはずだが，と彼は指摘しつつ，貨幣はその尺度機能を独特な方法で実現させていると論じます。

　たとえば，120円分の価値を貨幣だけで物理的に測定することは不可能です。しかし，120円の缶コーヒーと120円の文具ノートというような形式で，ある社会的な関係の下における，質的に異なる事物の間の比例関係または等置関係として価値を測定・表示するのは可能です。もちろん，缶コーヒーの使用価値と文具ノートの使用価値は本質的に異なるため，それらから得られる効用がすべての人にとって同一であるとは限りませんが，両者に120円という同じ価格が社会的につけられることで，同じ価値を有していると私たちはみなします。このように諸事物の関係を等置することのできる人間の能力（想像力）によって，貨幣が価値の尺度として機能しうるのだとジンメルはいいます。

　つまり，貨幣そのもの，硬貨や紙幣の物的性質を尺度として価値を測定して明示できませんから，物質としての貨幣に普遍的な価値は内蔵されていません。その社会で暮らす人々が，様々な事物の間に想定する等置関係から，すなわち事物どうしを等価交換しようと思ったときにみんなが妥当であると納得している関係性においてのみ，価値（交換価値）は測定・表示されます。

　それにしてもなぜ，私たちは道端に落ちている一万円札を無視できないのでしょうか。それは，マルクス（Marx, K.）が価値形態論において貨幣を「商品世界の神」と位置づけていることからわかります。「貨幣⇒商品」の交換は容易であるのに，「商品⇒貨幣」の交換は決して容易ではありません。人は，買い手の立場に立つと，貨幣さえあれば購入行為は難しくありませんが，逆に，売り手の立場に立って手持ちの商品を販売して貨幣を稼ぐとなると，途端にそれが容易でないことを思い知らされます。要は，貨幣には他のいかなる商品とも交換されうる一般的等価物としての性質があるため，「商品世界の神」的な立場にあると私たちは「錯視」してしまいます。本来，貨幣それ自体に何ら価値はないはずなのに，道端に落ちている紙幣に対して，私たちは「価値がある＝他の商品と交換できる」と期待せずにはいられなくなるのです。

3.3　物神性による人間関係の潜在化

　貨幣は，人間の交換行為を円滑にするために，それの使用当事者たちによって受け入れられた「標準」です。日本国内では，円が標準の通貨ですし，EU諸国ではユーロが標準の通貨です。あなたが近所のコンビニで，1ユーロ紙幣を出しても商品を売ってくれないでしょう。貨幣は，それが利用される文脈以外では価値をもちません。貨幣には，内在的な価値はないのです。もし，貨幣自体に内在的価値があるのなら，近所のコンビニ店員は，外国の紙幣でも喜んでその場で商品と交換してくれるはずですから。受け取る人のいない紙幣は，チリ紙としても使いにくい，ただの紙切れでしかありません。

　先ほどの道端に落ちていた一万円札，実は同じ道でも，パリのシャンゼリゼ大通りだったとしたら，どうでしょうか。現地では通貨として利用できませんが，私でしたら，それを拾得します。日本人あるいは日本で暮らした経験がある人ならば，反射的に一万円札の「価値」を見透かすはずです。円とユーロの交換レートなど，面倒なことは抜きにして，即座に一万円札を拾うでしょう。

　このように，本来は価値を内蔵していないのに，あたかもそのモノ（貨幣）それ自体が何らかの価値（力）をもつかのように人は錯視してしまいます。貨幣を含めてあらゆるモノそれ自体が内在的な価値をもつように見えてしまう性質のことを物神性（Fetischismus）といいます。人々の経済的関係に，この物神性が現れると「モノとモノの関係」だけが前面に出て，背後にある「人と人の関係」が潜在化して見えにくくなってしまいます（図表1－2参照）。

　先述の雑草ではないハーブの話に戻ると，その草に対して人が使用価値を見出すことではじめて草が商品の「ハーブ」になります。このハーブを使って喜ぶ人が増えてくると，その人たち向けにハーブを大量に作る生産者が現れます。ハーブ生産者は，消費者の使用価値を想定してハーブをつくって販売し，その結果として金銭的対価を受け取ります。一方で，ハーブ生産者は生産のためにビニールポットを使うかもしれません。ハーブ生産量が増加すると，ビニールポットの製造者は，さらにハーブ生産向けに使用価値の高い商品を開発して販

【図表1-2】

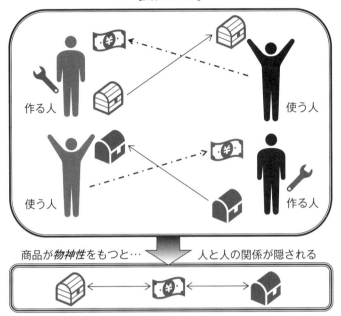

出所）筆者作成

売し，金銭的対価を受け取ります。このように書き始めると長くなりますが，経済活動の背後には，モノに対して使用価値を見出した「人と人の関係」が必ず存在しているはずです。

　ところが，いったん商品としてモノが市場にならび始めると，値段がつけられて売買されます。ハーブが一束200円，ビニールポットが一式200円などのように表示されます。そこでは人がハーブにどのような使用価値を感じているのか，人がビニールポットにどのような使用価値を感じているのか，人に関する状況がすべて隠されてしまいます。その結果，背後にあるはずの「人と人の関係」が見えなくなり，ハーブ一束やビニールポット一式というモノのもつ価値は200円分なのだと，私たちは短絡的に錯視してしまうでしょう。まさにモノに物神性が備わる瞬間です。

　「人と人の関係」が潜在化すると，私たちには物神性をもった「モノとモノ

の関係」だけが目に入ることになります。この視点に立つ経済学では，市場価格の決まり方について，供給量や需要量という概念によって量的な多寡からそれを説明します。量的に稀少なものは価格が高くなるし，逆に，豊富なものは価格がゼロに近づきます。量的な関係からモノの価格が決まるのだと考えます。

　生産者や販売者が，彼らの商品を「高い価格で売りたい」と思うのは当然です。つまり，その商品の貨幣との交換価値を高めることが，彼らの課題として強く意識されます。市場価格として表象される交換価値は，商品の量的な多寡によって大きく影響を受けます。だから，必然的に生産者や販売者にとって，数量の管理が経営上の主要課題になるでしょう。自社だけが特定の価値ある商品の独占的な供給者になれるような状況をめざすのです。

　たとえば，競合他社が同一商品の市場に参入できないような参入障壁を築いたり，他社が容易に模倣できない特徴を自社商品に付与して稀少性を高めることで，その供給量をコントロールして高価格での商品販売を狙います。しかし，このとき彼らの目には，自社商品を利用して喜んでいる顧客の顔が映っていないかもしれません。

　すなわち「モノとモノの関係」だけに着目して考えると，物神化された商品の市場における交換価値だけに目を向けることになり，実はモノの背後にいる人々が認識する使用価値に目を向ける大切さを，私たちは忘れてしまいます。

4．顧客はいるか？

　「ビジネスに唯一の必要十分条件は何でしょう？」と，起業家教育で有名なオーレット（Aulet, B.）は問いかけます。その答えは，製品や技術，ビジネスプランやビジョン，優秀なチームやCEO，資金力や競争上の地位，企業価値などではありません。唯一の必要十分条件，それは「代金を払ってくれる顧客」だと彼は強調します。自社の産出物に対価を払う人が現れた日に，初めてビジネスが成立します。だから，私たちは顧客を中心に据えて事業を考えなくてはなりません。

第1章　価値とは何か？　　19

　それなのに，多くの日本の経営者は競合他社に注目することに法外なエネル
ギーを割いているとマキナニー（McInerney, F.）は嘆き，「競合他社はあなた
に一銭も支払わないのに，そもそもなぜ彼らのことを考えるのですか？」と
『日本企業はモノづくり至上主義で生き残れるか』という著書の中で皮肉って
います。これは「モノとモノの競合関係」だけに企業が目を奪われる危険性を
指摘していると解釈できます。

　また，モノを物神化して価値ある商品の生産に血道を上げる企業の末路が，
湯之上隆の『「電機・半導体」大崩壊の教訓』という本に描かれています。か
つて1980年代，日本の半導体メーカーは，メインフレーム（汎用大型コン
ピュータ）用に25年保証の高品質DRAM（メモリー）を製造して，世界市場
シェア80％を占めていました。ところが，その後にPC（パーソナルコンピュー
タ）が成長市場となったとき，日本の半導体メーカーは市場での競争力を維持
できませんでした。代わりに，PC用DRAMを破壊的に安価で大量生産した，
韓国のサムスンや米国のマイクロテクノロジーが市場の覇権を奪取しました。

　このとき主要顧客がメインフレームメーカーであった日本の半導体メーカー
は，相変わらず25年保証の高品質DRAMをつくり続けてしまった結果，コス
ト競争に敗れ，撤退に追い込まれたという話です。つまり，PC用DRAMに要
求されたのは，低コストと数（生産規模）でした。PC用DRAMには，25年保
証のような高品質は必要なかったのです。それに対して，サムスンやマイクロ
テクノロジーは，（25年保証など必要のない）安価なDRAMを大量生産する
ことで，市場シェアで日本メーカーを抜き去りました。彼らは，（3年保証の）
PC用DRAMを安価に大量生産して成功したのでした。

　このエピソードを紹介した湯之上は，「高性能，高品質をつくったのだから
必ず売れるはずだ」というエゴを押しつけているのが，多くの日本のエレクト
ロニクス企業であると指弾して，「つくったものを売る」のではなく，「売れる
ものをつくる」ことが大切であると，結論づけています。

　「良いモノをつくれば必ず売れるはずだ」という考えは，モノに価値が内在
していると錯視する物神性に基づく思考パターンだといえるでしょう。日本の

半導体メーカーは，メインフレーム向けDRAMを開発製造した当初はおそらく，顧客であるメインフレームメーカーのことをよく分かっていたし，顧客にとってのDRAMの使用価値を的確に理解していたから業界で成功できていたと思われます。しかし，いつの間にかモノの背後にいる人（顧客）よりも，自社の生産するDRAM商品というモノの性質にばかり気をとられ，モノの性能や品質の向上が成功の原因であると，因果関係を読み違えてしまったのではないでしょうか。成長著しいPC向けDRAM市場に日本メーカーが参入した当時，彼らは顧客であるPCメーカーにとってのDRAMの使用価値を何よりも先に理解すべきでした。しかし，「良いモノ」として物神化されてしまった高品質DRAM商品をすでに持っていたがために，彼らは顧客理解をおろそかにして，独断的な「良いDRAM」をPCメーカーに売り込んでしまったのでしょう。

　やはり企業は，物神性の思考パターンに陥ることなく，あくまでも「顧客にとっての使用価値」に意識を向けて，顧客を中心に事業を組み立てていく思考パターンを持たなくてはなりません。

5．顧客価値を生む経営

　企業の目的と使命を定義することで，はじめて企業は目標を設定し，戦略を発展させ，企業の資源を集中し，働かせることができる，すなわち「業績を求めた経営」をできるようになるのだと，ドラッカー（Drucker, P. F.）はいいます。

　「企業の目的と使命を定義する」というのは，「われわれの事業は何か？　どうあるべきなのか？」を問うことです。ドラッカーによれば，このとき顧客によって事業内容が定義され，さらに事業内容は，顧客が製品・サービスを買って，どんな欲求を満足させるのかによって定義されます。つまり，顧客を満足させることが，どの企業にとっても使命であり目的なのだと，彼は述べています。①誰が「顧客」なのか，②顧客はどこにいるか，③顧客は何を買うか，④顧客にとって「価値」があるのは何か。これらの問いに答えていくことで，自

社の目的と使命が明確化していきます。

　さらにドラッカーは，「顧客が買うのは決して『製品』ではない，顧客は，もともと欲求の充足感を買うのである。顧客が買うのは常に『価値』である」とも述べています。この指摘は，モノの物神性よりも顧客の使用価値に着目している点で，先に見た議論とも整合的です。

5.1　顧客の獲得価値

　いわゆる100円ショップは私たちの生活に根づき，頻繁に来店している読者の皆さんも多いのではないでしょうか。基本的にあらゆる商品の価格を税抜きで100円に固定しているということは，この店に置かれている商品の貨幣との交換価値はすべて同一の100円です。仮に「今日は3点まで商品を選ぼう」とあなたは考えて，当初は買い物かごの中に，耳かきとヘアブラシとポリ手袋を入れたものの，やはり思い直してそれらを，野菜ジュースと茶碗とタオルへと入れ直すとしたら，あなたはこれら6種類の異質な商品を同等の交換価値をもつモノたちとして見なしていることになります。このように一見すると，100円ショップは徹底的に交換価値を追求した「モノを売る」店だと思えます。

　しかし，本当に顧客は100円分の価値しか購入商品に対して認知していないのでしょうか。いいえ，そんなことはないでしょう。おそらく支払う100円分よりも高い使用価値があると，顧客は考えているはずです。もちろん，どの顧客も，店内すべての商品がその顧客自身にとって，100円分を上回る使用価値があるとは考えていません。自分にとって「不要な」商品もたくさん店頭に並んでいます。その顧客により，その時その場で100円分を上回る使用価値があると認知された商品だけが購入されているのです。実は，100円ショップは顧客に対して「お値打ち感」を売っています。

　この「お値打ち感」を「顧客の獲得価値」と言い換えて，その内容を定式化して表すと[顧客の獲得価値＝認知便益－支払い価格]のようになります。つまり，その顧客にとっての商品の使用価値（認知便益）と，商品の交換価値・対価として顧客が支払った金額（コスト）の差分が，この取引における「顧客

の獲得価値」です。

　当然，顧客の獲得価値を大きくするためには，認知便益を高めるか，価格（コスト）を下げるか，あるいはその両方を実施することです。獲得価値の大きな商品を，顧客は好んで選択して購入します。したがって，商品の売上げ拡大をめざす企業にとっての主要課題のひとつは，顧客の認知便益と支払価格の適切なバランスを維持すること，すなわち顧客にとっての商品の使用価値が世間的な（市場での）交換価値を上回る状況をつくることだといえます。

5.2　業界全体の獲得価値の構図

　顧客と企業，企業に原材料やサービスを提供している供給者を想定し，それぞれが取引から得る獲得価値の状況を図示したのが，図表１－３です。

　単純化してみると，商品の販売価格からコストを差し引いた残りが，企業の獲得価値です。そして顧客は，自身の消費目的に対して，その商品を利用・消費することがどの程度役立つかという便益を知っています。顧客は，認知便益を上回る価格の商品は買わないので，これが支払ってもよいと考える金額の上限（支払意欲）を示します。それゆえ，顧客の支払意欲が一定のもとでは，商品の販売価格が高くなればなるほど，顧客の獲得価値は減少し，その減少分が企業の獲得価値へと移行します。

　同様に，供給者との関係においても企業の獲得価値は変わります。供給者から見て，企業が顧客の立場です。企業は，事業を遂行するという目的に照らして，供給者の提供物の有用性（便益）を知っています。この認知便益が，供給者の提供物に対する企業の購買価格の上限（支払意欲）を示します。したがって，論理的に供給者は企業の支払意欲水準まで納入価格を上げられます。しかし，供給者の提供物の納入価格が，すなわち企業にとってのコストになります。当然，企業としては価値獲得のためにコスト削減をめざして，供給者と値下げ交渉をするでしょう。

　このとき供給者とて，事業活動を続けていくためには採算を無視した低い納入価格を許容することはできません。販売時の下限価格があり，これが供給者

【図表1−3】

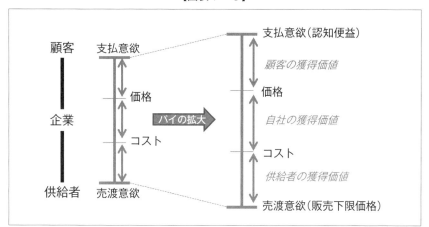

出所）Montgomery（2012），pp.53-54を参考に筆者作成

の売渡意欲を示します。それゆえ，企業は供給者からの調達コストを，最大でも供給者の売渡意欲水準までしか下げることはできません。供給者の売渡意欲が一定のもとでは，供給者提供物の納入価格が下がれば下がるほど，供給者の獲得価値は減少し，その減少分が企業の獲得価値へと移行します。

　以上は，図表1−3の左側の部分の説明です。顧客の支払意欲（購買上限価格）と供給者の売渡意欲（販売下限価格）が一定水準で固定されているような場合は，上記の説明のように，顧客と企業と供給者の間で互いに獲得価値の配分をめぐって激しく競り合う「ゼロサム・ゲーム」が起きることでしょう。この競合状態から抜け脱して，業界内の全員が獲得価値の増大を享受できる「win-win-win」の状況を実現させるためには，図表の右側で示されているように「パイの拡大」を図るのが有効です。

　具体的には，顧客の支払意欲と供給者の売渡意欲の水準を固定せずに，それらが図表の上方または下方へと柔軟に移動できるような世界観を業界内の関係者間で持つことです。そうすれば，顧客と企業と供給者の間での獲得価値の争奪戦よりも，業界全体としての総獲得価値の創造的増加に意識が向きます。

5.3 獲得価値の創造的拡大：２つの方向性

　ひとつは，供給者の生産性や採算性を上げて，売渡意欲を阻害するハードルを引き下げていくような取り組みです。その代表例として，生産プロセスの改善活動による供給者のコスト削減が挙げられます。納入先の企業にとって，原材料等の供給者は競争相手というよりも，むしろパートナーです。供給者がしっかり価値獲得して，それを生産能力（品質および産出量）の向上に再投資できる仕組みが理想です。それゆえ納入先企業は，自らの獲得価値を増やすためにコスト削減を供給者に要求するのではなく，供給者の獲得価値を増加させるためにコスト削減を求めたり，時には改善活動を支援したりする，という協力的な関係性の構築に向けて努力するのです。その結果，供給者の提供する原材料等を使用している企業の商品力や市場競争力が高まれば，関連企業全体として総獲得価値の拡大も期待できます。

　もう１つは，商品の認知便益を高めて，顧客の支払意欲を引き上げていくという，顧客との関係性に目を向ける取り組みです。モノに対する使用価値は，使用者によって異なるし，さらに同一人物でも使用時が違えばそのものに対する使用価値は異なっています。「誰が，どんな目的で，いつ，そのモノを使用するのか」という使用の文脈を考えることで，商品の認知便益そして顧客の支払意欲を高めることができます。

　たとえば，この章の冒頭で紹介した古切手のように，顧客が異なれば評価額も異なります。郵便切手としての使用目的だけを認める人にとって古切手は使えない無価値なモノですが，切手収集の趣味人は所有欲やコレクション欲から同一の古切手に対して金銭の支出を惜しみません。また，当初は古切手に関心がなく，その使用目的を持たなかった人たちでも，切手販売サイトでの高額取引の情報を知った後に，転売して金儲けに古切手を使うという目的を持つことで，２回目の回答では古切手に対する支払意欲（認知便益）を上昇させました。

　このように商品に対する人々の認知便益は変動的なので，それを適切に操作できれば，企業・供給者・顧客の総獲得価値の拡大が期待できます。

6．本章のまとめ

　この章では「価値とは何か？」を議論するにあたり，使用価値や交換価値という概念を紹介してきました。今一度，それを整理したのが図表1-4です。

　使用目的が単一で明確な商品は，交換価値として表現されやすいでしょう。社会的に見て，大多数の人々が同じように消費利用する商品群です。たとえば，水道・ガス・電力・通信・交通機関などの生活インフラや，コメ・生乳などの基本的な食糧品です。これらは人々が生きていくうえで不可欠なモノなので，物神性をもちやすいですし，また，需要も相当な量があります。完全に自由な市場取引にまかせると需給調整に失敗して高価格になったりする商品なので，これらの例は，どれもが規制業種でした。この手の商品群では，必然的に供給量・需要量という数量的な管理に人々の関心が集まるでしょう。

　一方，使用目的が多様で曖昧な商品は，使用価値として表現されやすいでしょう。むしろ，ほとんどの一般的な商品は，こちらに分類して考えたほうが

【図表1-4】

	交換価値	使用価値
評価尺度	他人が基準。対価物の交換相手の評価に依存	使用者本人が基準。使用者にとっての有用性
標準化	可能。社会的に合意した価値を示せる。等価形態	不可能。認知便益に個人差あり。使用文脈に依存
物神性	あり。錯視しやすい価値を内蔵するモノ	なし。モノの背後に必ず「人と人の関係」が存在
実体性	人の関係性が潜在化価値ある実体を想定	なし。人と人の関係性の中から価値が現れる
値決め	供給と需要の数量関係から価格が決まる	顧客の認知便益により支払意欲の水準が変化
商品の特性（使用目的）	単一目的で明確な商品の価値表現に向く	目的が多様で曖昧な商品の価値表現に向く

出所）筆者作成

よさそうです。通常，企業が提供している商品では，企業側が一方的に顧客（買い手）の使用目的を指定することはあり得ません。顧客ごとに使用目的そして使用価値が違い，顧客の認知便益は異なるはずです。たとえば，かなり単純な商品である「つまようじ」，あなたは何に使いますか？　複雑な商品である「スマホ」，あなたは何に使いますか？　商品の単純さや複雑さにかかわらず，多様な使用目的をほとんどの商品は潜在的に持っています。

　したがって，一般的な商品を提供している企業の経営を考えるならば，私たちは，商品の使用目的が多様化している状況を分析の対象に据える必要があると思います。顧客ごとに商品に対する認知便益が異なる，また，同じ顧客でも使用時の文脈が違えば認知便益も異なるという事実に目を向けるべきです。これは，主観的で独善的な「価値を埋め込んだ商品」を開発し，需要量を予測して生産量を決定し，それを顧客に売り込んでいく……といったサプライ・サイドの経営視点では決して十分に対応できない課題です。むしろ，自社が提供する商品は，顧客の多様な使用文脈の中ではじめて特異的に使用価値を現すのだという，いわばデマンド・サイドの経営視点に立って，企業の戦略策定・組織設計・製品開発などの経営活動を見直していくとよさそうです。

第1章 価値とは何か？ **27**

付録

「メートル」と「キログラム」の現代的な定義

ジンメルが「測定手段は測定される対象と同じ性質をもたなければならない」と言って，長さをメートル法で測定するなら1mという単位はその具体的な長さを性質的に示す必要があるし，質量をキログラムで測定するなら1kgという単位の具体的な質量を性質的に示す必要があると指摘していたと，本書の14ページで紹介しました。

確かに，かつては国際度量衡局に保管されていた「国際メートル原器」と「国際キログラム原器」によって，長さや質量が物理的な性質をもつ実体として定義づけられていました。それゆえ，上記のジンメルの指摘は，彼が『貨幣の哲学』を著した当時において，まさにその通りでした。ところが，現在において使用されている基本単位としてのメートルとキログラムは，「原器」に依存しない方法で厳密に再定義されています。

メートルは，「真空中における光の速さは決して変わることがなく不変である」という理論にもとづいて再定義されています。1メートルは，光が真空中を299,792,458分の1秒間に進む距離として定義されています。

一方，1キログラムは，周波数が〔$(299,792,458)^2 / (6.62607015 \times 10^{-34})$〕ヘルツの光のエネルギーと等価な質量として定義されています。ここで使用されている数値は，いずれも不変だと考えられているものです。299,792,458は，光速度 c です。$6.62607015 \times 10^{-34}$ はプランク定数 h であり，光子のもつエネルギーと振動数の比例関係を表す比例定数です。

以上のように，現在は，「長さ」の単位「メートル」，「質量」の単位「キログラム」もまた，「価値」の単位を表す「貨幣」と同様に，「諸事物の関係を等置することのできる人間の能力（想像力）」によって定義づけられています。

(参照)『ニュートン別冊　単位と法則』[新装版]，ニュートンプレス，2018年。

第2章 使う人の喜び

1. 企業は顧客の使用価値を知らない

　「前例がない事業を始めるのはとても難しい」と，ミドリムシの大量培養を手がけるバイオベンチャー企業ユーグレナの創業者・出雲充はいいます。2005年12月に，同社はミドリムシの屋外大量培養に世界で初めて成功しました。その後の約2年半の間に，彼らは約500社と交渉したそうですが，なかなかビジネスとして結実しませんでした。ミドリムシという商品のもつ潜在的な魅力はあったとしても，未知で前例がない商品，そして取引実績もない新興企業による事業化の話は前に進みません。しかし，幸運にも同社は，2008年5月に501社めの交渉相手であった伊藤忠商事を実用化のパートナーとすることができ，それ以降，ミドリムシの実用化が一気に加速します。石油会社，航空会社，ゼネコン，電機メーカー，広告会社，自動車メーカー，薬品会社などの名だたる大手企業が興味を示す"シンデレラ"にミドリムシが変身したと，彼は述べています。

　この事例は，第1章にも出てきた，ビジネスが成立するための必要十分条件である「顧客の存在」の重要性を再確認させてくれます。それと同時に，企業は自ら保有している独特のアイデアや独自技術の内容について，他の誰よりも熟知している様子がわかります。確かにユーグレナは，ミドリムシとその大量培養技術を世界で一番よく知っています。しかし同社は，ミドリムシという商品を買う顧客は誰なのか，そして顧客がミドリムシに対してどのような使用価値を見出しているのか，という顧客に関する知識をもっていませんでした。パートナー企業を介して，同社は多業種の多様な顧客企業と巡り合い，今後は

それぞれの顧客企業と協働してミドリムシの実用化を進めることでしょう。つまり，商品の使用価値に関する知識は，潜在的な顧客たちが分散してもっているのです。新商品を事業化しようと考える企業は，自社の外側に分散して広がっている潜在顧客たちがもっている，その使用価値に関する知識にアクセスする必要があるでしょう。

　本章では，商品の顧客にとっての使用価値を，企業がどのようにして理解し，その理解に基づいてどのように事業を構築していくべきなのか，という疑問にとって有用だと思われる，顧客視点の経営理論をいくつか紹介していきます。

2．使用価値の中身

　顧客がある商品を使用するときに感じる有用性（認知便益）のことを，使用価値であるとして，第1章では議論してきました。この使用価値の概念をより詳細に検討して整理した研究があります。ホルブルック（Holbrook, M.）の『消費者価値（*Consumer Value*）』という本です。なお，顧客にとっての使用価値のことを，彼は「消費者価値」という用語で表現していますが，同じ意味合いだと理解して差し支えないでしょう（以下，本書では「使用価値」表記で統一します）。

2.1　使用価値（消費者価値）の意味するもの

　使用価値は，ある主体（消費者）による，ある対象（製品／サービス）についての評価として表されます。ホルブルックは，この使用価値を「相互作用的で相対主義的で選好的な経験」であると定義します。彼のいう「相互作用的」とは，何らかの主観をもつ主体（消費者）と，製品／サービスなどの客体（対象）との間での相互作用を意味します。また「相対主義的」とは，使用価値が，（a）比較に基づく（対象間の選好を含む），（b）個人的（人それぞれに多様である），（c）状況的（使用文脈に特殊的である）ということを意味しています。

第2章　使う人の喜び　31

　つまり，多数の個人間における別々の価値評価の比較ではなく，あくまでも同一人物によってなされる，種々異なる製品／サービスの間での個人内の比較が適正な使用価値の表現だといえます。製品／サービスは，それが使用される状況に依存して，価値に関する評価的な判断が下されます。したがって，同一人物であっても，場面や時間や空間が変化すれば，評価の判断基準は当然ながら変わってきます。

　たとえば，1本の炭酸水（500mlペットボトル）と1人の飲み手（消費者）との関係を考えます。飲み手は，炭酸水を飲むことでノドをうるおせます。もしかしたら炭酸水は，アルコール飲料の割材として別の使われ方があったかもしれませんが，ここではそのまま飲み手に飲まれることで，飲み手のノドをうるおして存在意義を発揮します。これが主体と客体の「相互作用」です。

　さらに，同じ飲み手と同じ炭酸水ですが，飲む状況が異なる場面を想定しましょう。1人の飲み手が，猛暑の炎天下で屋外作業の休憩時に飲む炭酸水と，帰宅後の風呂上がりに飲む炭酸水は，同じ炭酸水でも評価のされ方が違うでしょう。前者は命に関わる必要物（熱中症の予防策）ですが，後者は娯楽的でさえあります。また，同じ飲み手でも，屋外作業の休憩時に好む飲料の選択肢には，炭酸水のほかに緑茶飲料やコーヒー飲料が含まれるでしょうし，風呂上がりに好む飲料の選択肢には，炭酸水のほかに乳飲料やビールが含まれるかもしれません。状況が違うと，選択肢として比較される飲料も異なります。そして，これらの飲み物に対する評価や好みや選択肢は，一人ひとりの飲み手ごとに異なっています。これが「相対主義的」な使用価値の評価です。

　定義の解説に戻りましょう。次に，「選好的」であるとは，消費者は自らの選好を判断できることを意味しています。たとえば，感情（うれしい ⇄ うれしくない），態度（好き ⇄ 好きでない），評価（良い ⇄ 悪い），性質（好ましい ⇄ 好ましくない），意見（賛成 ⇄ 反対），反応傾向（接近 ⇄ 回避），誘意性（肯定的 ⇄ 否定的）など，一定の評価尺度の指標によって選好を順序づけられます。これができてはじめて，個人は，使用している製品／サービスを評価できます。つまり，その日の風呂上がりに飲む飲料として，複数の候補

32

を順位づけできるのは「選好的」だからです。

　最後に，「経験」であるとは，使用価値は，購入された製品の中に備わっているわけではなく，選択されたブランドの中にでもなく，所有された対象物の中にでもなく，むしろ，それらから引き出される「消費経験」の中に存在していることを意味しています。具体的に言えば，消費者は，炭酸水をただ手にもっているだけでは何ら認知便益を感じません。消費者は，その炭酸水を舌で味わったり，喉に流し込むという行動の中で便益を認知します。だから逆に言うと，誰にも使用されない炭酸水は，無価値だといえるでしょう。

　このように第1章での議論と同様に，ホルブルックもまた，モノに価値が内蔵されているとみなす物神性の考え方を否定しているのです。

2.2　使用価値のタイポロジー

　使用価値は「相互作用的で相対主義的で選好的な経験」として，各消費者が様々な場面ごとに認知するわけですから，無限にその種類が想定されます。このとらえどころのない使用価値をよりよく理解するために，ホルブルックは3つの次元を設定して，使用価値を8種類に類型化しています（図表2－1）。

2.2.1　外面的／内面的（extrinsic vs. intrinsic）の次元

　価値の評価が「外面的」であるとは，何らかの目的や目標を達成するための手段（道具性）の面において，機能的または功利的な消費経験が評価されることを言います。つまり，消費者の外側に対象として設定された「目的」の達成効果を狙って主に行われる消費経験を意味しています。

　一方，価値の評価が「内面的」であるとは，何らかの消費経験が，消費者自身のために自己正当化や自己目的化されたものとして評価されることを言います。つまり，消費者の精神的な内面における「自己」の満足効果を狙って主に行われる消費経験を意味しています。

第2章 使う人の喜び　33

【図表2－1】

		外面的（目的達成効果）	内面的（自己満足効果）
自己指向	能動的	能率（EFFICIENCY） 利便性，功利性	娯楽（PLAY） 楽しさ，享楽，個人的成長
	反応的	卓越（EXCELLENCE） 品質，性能，安全	審美（AESTHETICS） 美しさ，快適さ，平穏
他者指向	能動的	地位（STATUS） 成功，印象操作，政治性	倫理（ETHICS） 美徳，正義，モラル，援助
	反応的	尊重（ESTEEM） 評判，物質主義，財産	霊性（SPIRITUALITY） 信念，忘我，聖性，魔性

出所）Holbrook（1999），p.12とp.87の図表をもとに筆者作成

2.2.2　自己指向／他者指向（self-oriented vs. other-oriented）の次元

　価値の評価が「自己指向」であるとは，何らかの消費経験に対して「私」が
いかに反応すべきかを，また「私」に対してその消費経験がもたらす影響を，
自分自身のために，利己的に「私が評価する」ことを言います。つまり，評価
の基軸が，自己の内側にある状況を指しています。

　一方，価値の評価が「他者指向」であるとは，私の消費経験に対して「他
者」がいかに反応するか，また「他者」に対して私の消費経験がどのように影
響するかなど，「他者」たちの評価を想定することで，自己の消費経験の評価
が左右されるものを言います。つまり，評価の基軸が，自己の外側（＝他者）
にある状況を指しています。

2.2.3　能動的／反応的（active vs. reactive）の次元

　価値の評価が「能動的」であるとは，何らかの対象物（製品／サービス）に
対して，あるいは何らかの対象物とともに，消費者が物理的または精神的な操
作を消費経験の一部として実行する中から生まれてくる評価のことを言います。
つまり，消費者による「知覚対象への働きかけ」が存在する状況を指していま
す。

　一方，価値の評価が「反応的」であるとは，何らかの対象物（製品／サービ

ス）に対して，消費者が理解したり鑑賞したり感嘆したりその他の応答を行った結果として生じる評価のことであり，対象物が消費者に対して，あるいは対象物が消費者とともに，消費経験の一部を遂行する（それが私に作用する／それが私を感動させる）中から生まれてくる評価のことを言います。つまり，「知覚対象へのリアクション」を消費者がもつ状況を指しています。

2.2.4　使用価値の8類型

　以上の3次元に基づいて，ホルブルックは多種多様な使用価値を8種類に分類しました。ここでは「自動車」という対象物が潜在的にもつと思われる，8種類の使用価値を例として，簡単に説明しましょう。

- 能率（Efficiency）：消費者が自動車を「通勤のため」あるいは「輸送業務のため」に使用するとき，この種の使用価値が重要になります。「通勤」や「業務」をなし遂げるための道具として自動車を能動的に利用することで，消費者が自分にとっての利便性を知覚する場合が，これに当てはまります。そのときは，能率的に「用事」をこなせる自動車が好まれるでしょう。

- 娯楽（Play）：消費者が自動車で「レジャーを楽しむ」とき，この種の使用価値が重要になります。消費者が，自ら楽しいと思えるやり方で自動車に能動的にかかわり，自動車とともに楽しい満足した時間を過ごしていると知覚する場合が，これに当てはまります。人により「おでかけドライブ」や「オフロード走行」など，自動車を使った娯楽は異なるでしょう。

- 卓越（Excellence）：消費者が単純に「移動するため」だけを考えて，自動車に乗車するとき，この種の使用価値が意味をもちます。「移動手段」は，自動車が消費者に提供する基本的機能です。そのうえで自動車が，消費者に「乗り心地の良さ」「安全さ」などのより上質な乗車体験をもたらす場合が，これに当てはまります。一般に，高品質・高信頼・高性能の自動車が，多数の消費者に好まれます。

- **審美**（Aesthetics）：消費者が自動車を「鑑賞の対象」とするとき，この種の使用価値が重要になります。自動車が消費者に「美的な感動」を与え，その感動に対して消費者が精神的な満足感を覚える場合が，これに当てはまります。何を「美しい」と感じるかは，各人で異なる個人的な体験でしょう。とくに自動車博物館やショールームなどで，この使用価値は大切です。

- **地位**（Status）：消費者が自動車を自らの「権威を誇示するため」に消費するとき，この種の使用価値が重要になります。その消費者が「成功者である」または「高い地位にいる」ことを他者に対して知らせるため，印象操作の道具として自動車を使用する場合が，これに当てはまります。一般に，高額で大型な自動車が他者の注目を惹くことから，この目的でよく用いられます。

- **倫理**（Ethics）：消費者が「地球環境保全や自然保護」の活動に共鳴しながら自動車を選択するとき，この種の使用価値が意味をもちます。その消費者が個人的に「豪快なエンジン音」が好きだったとしても，社会的な美徳やモラルの観点から見て不適切ならば，意欲的にそれを改める場合が，これに当てはまります。環境に優しい自動車を選んだ自分に，満足を感じます。

- **尊重**（Esteem）：消費者が自動車を「評論や評価」の対象として扱うとき，この種の使用価値が重要になります。他者が自動車に対して「良い／悪い」「好ましい／好ましくない」などの判断を下した結果を消費者が受けて，自らの認識や評価判断を形成する場合が，これに当てはまります。とくにカー雑誌や消費者レポートのレビュー情報が，彼らの評価を促進させます。

- **霊性**（Spirituality）：消費者が「我を忘れて」自動車に心を奪われているような状態のとき，この種の使用価値が現れます。いわゆるカーキチや自動車オタクの消費者が，自動車に自己満足的な愛情を注ぎます。自動車も彼らの期待に応えてより魅力を増します。さらにまた彼らの愛情は深まり

ます。オタク同士は他者目線で，この愛情の深さを互いに競い合います。

　以上，ホルブルックが類型化した8種類の使用価値について，自動車を例と
して見てきました。私たちの身近にある自動車というモノがもつ，使用価値の
多様性が明らかになったと思います。

　実際，一人ひとりの消費者は，それぞれ多様な使用目的を自動車に対して
もっています。それゆえ，セダン・ミニバン・SUV・スポーツカー・トラッ
ク・軽自動車・高級車・リムジン・ハイブリッドカー・EV等の多様なタイプ
の自動車が，消費者の細分化されたニーズに合わせて作られてきたのです。

　使用価値の観点から見ると，あらゆる製品は，顧客のニーズやウォンツを満
足させるための「消費経験」を創り出す能力を的確に発揮できなくては市場で
生き残れません。次節では，顧客の消費経験を高めるのは，モノではなくサー
ビスだという視点を強調する理論を見ていきましょう。

3．サービスをすべての中心に考える

　アイロンを使うと衣服に「アイロンをかける」ことができ，ブラシを使えば
物に「ブラシをかける」ことができ，瓶は何かを「瓶詰めにする」ことができ，
冷蔵庫は物を「冷蔵する」ことができ，コピー機は「コピーする」のに利用で
きます。このような例を挙げながら，グレイ（Gray, D.）とウォル（Wal, T.
V.）は『コネクト』という本の中で，製品を静的な名詞として捉えるのではな
く，動きのある動詞として捉えれば，その製品が有効に果たしている機能への
理解が深まると指摘します。さらに，製品はサービスを提供してくれる「召使
い」であると，彼らは言います。

　実際に，顧客は製品を購入するのではなく，製品が提供する便益を買うので
す。サービス・マネジメントの主要論者であるグルンルース（Grönroos, C.）
は，『北欧型サービス志向のマネジメント』という本において，「顧客にとって
の製品やサービスの価値は，工場やサービス企業のバック・オフィスの中で生

産されるのではない。顧客が，購入したソリューションやパッケージを利用するとき，価値は顧客の価値生成プロセスの中で創出される」（p.4）と論じています。確かに，製品は作られたあとに顧客によって消費利用されますが，その消費利用プロセスの中で，その製品の使用価値は形成され認識されるわけです。したがって，物神性を備えたモノのように，製品に対して企業が事前に価値を付与することは，本来できないでしょう。

　しかしながら，伝統的な経済観においては，企業が価値ある製品（グッズ）を生産し，顧客は企業が生み出した価値あるグッズを消費する，という見方が一般的にされていました。つまり，「価値の生産者」と「価値の消費者」を別々に想定します。その結果，企業を価値の生産者として扱い，経済活動の中心に置いた経営理論がつくられました。そこでは，企業がグッズの発明者・開発者・生産者・流通業者・販売促進者であり，それらの企業がグッズの市場における経済的交換で主役を演じるという見方をとるのです。このようにグッズと企業を経済活動の中心に据えた考え方を，G-Dロジック（グッズ・ドミナント・ロジック）と呼びます。

　ところが，使用価値に着目して現実的に考えると，企業は顧客との関係性を抜きにして価値を生み出すことは不可能です。G-Dロジックのように，一方的に企業が生み出した価値を顧客が消費するだけという見方では不十分です。とくに顧客の消費経験の中から使用価値が現れてくるのですから，企業は顧客と双方向的・協業的に「価値共創」する必要があります。そこで図表2－2のように，企業と顧客の相互作用から価値が創造されることを前提にして，その経済活動を分析していく考え方を，ラッシュ（Lusch, R. F.）とバーゴ（Vargo, S. L.）はS-Dロジック（サービス・ドミナント・ロジック）として提唱しています。

3.1　サービス・ドミナント・ロジック

　S-Dロジックの特徴点は，主に6つあります。第1に，企業は「顧客の価値創造プロセスを手助けする」ものとして位置づけます。第2に，価値は関係者

【図表2－2】

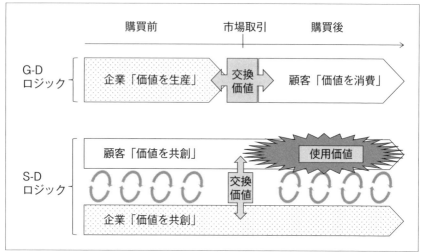

出所）藤川ほか（2012），p.39，図表2より筆者作成

間で共創されるものと考えます。第3に，顧客は様々な関係者との相互作用関係（ネットワーク）の文脈の中にいる存在だと見なします。第4に，企業がもつべき主要な資源はオペラントであると指摘します。このオペラント資源とは，人々が行動を起こすのを可能にする能力や知識を意味し，原材料や設備などの物的資産を指していうオペランド資源の対義語です。つまり，モノを運用して利活用できる能力を企業の主要資源と考えます。そして第5に，顧客は価値創造プロセスにおけるリソースであると捉えます。最後に，第6の特徴点は，効率性の追求以前に，顧客の便益を高めるような有効性を追求することです。

以上のS-Dロジックの特徴点をG-Dロジックと対比させてまとめると，図表2－3のようになります。

ラッシュとバーゴは，S-Dロジックを体系的に解説するため，彼らの一連の著作の中で，S-Dロジックの公理（Axiom）と基本前提（FP：Fundamental Principles）を提示しています。図表2－4に掲げるように，S-Dロジックの基本前提は，全部で11件あり，そのうちの5件（FP1，FP6，FP9，FP10，

第2章　使う人の喜び　**39**

【図表2－3】

G-Dロジックの考え方	S-Dロジックの考え方
物事（モノやサービス）を作る	顧客の価値創造プロセスを手助けする
価値は生産される	価値は共創される
顧客を独立した個体とみる	顧客はネットワークの文脈の中にいる
主要な企業資源はオペランド（物財）	主要な企業資源はオペラント（能力・知識）
顧客はターゲット	顧客はリソース
効率性を徹底追求	有効性を前提にした効率性の追求

出所）Vargo & Lusch（2008），p.258，Table 1 より筆者作成

【図表2－4】

S-Dロジックの基本前提（FP）と公理（Axiom）		
公理1	FP1	サービスが，交換の基礎的な基盤である。
	FP2	間接的な交換は交換の基礎的な基盤を見えなくしてしまう。
	FP3	グッズは，サービス提供のための伝達手段である。
	FP4	オペラント資源が，戦略的便益の基本的源泉である。
	FP5	すべての経済が，サービス経済である。
公理2	FP6	価値は，常に受益者を含む，複数のアクターたちによって共創される。
	FP7	アクターは，価値を提供することはできず，バリュー・プロポジションの創案と提案に参加することしかできない。
	FP8	サービス中心的な見方は，その性質上，受益者志向的であり関係的である。
公理3	FP9	すべての社会的および経済的アクターたちが，資源統合者である。
公理4	FP10	価値は，常に受益者によって独自にかつ現象学的に決定づけられる。
公理5	FP11	価値共創は，アクターが生み出した制度と制度の配合（取り合わせ）を通して調整される。

出所）ラッシュ＆バーゴ（2016），Vargo & Lusch（2016）より筆者作成

FP11）が公理であると，位置づけられています。

　公理1（FP1）は，「サービスが，交換の基礎的な基盤である」です。これはFP5の「すべての経済が，サービス経済である」とともに，人々の経済活

動がサービスの概念だけで説明できることを示しています。

　ちなみに『サービス経済学説史』を著したドゥロネ（Delaunay, J-C.）とギャドレ（Gadrey, J.）によると，同様の経済観の源流はバスティア（Bastiat, F.）という19世紀フランスの経済学者に見られるそうです。バスティアは，「労力を支出する人と，欲求を満足させる人とは別人」であり，「ある人の欲求を満足させるために労力を支出するということは，その人にサービスを提供するということにほかならない」とし，「社会は互いに互いのために労働することで成り立っており，われわれは，自分が提供したのと同じ量のサービスを受け取る」のだから「社会はサービスの交換にほかならない」と結論づけ，さらに「富の生産での人間の活動はサービス以外のなにものでもない。価値（交換価値）はそれに対する報酬にすぎない」（p.113）と主張しています。すべての活動は事実上のサービスであるとする，このバスティアの考え方は，S-Dロジックでも共有されているといえます。

　FP 2 は「間接的な交換は交換の基礎的な基盤を見えなくしてしまう」です。現代社会では事実上，交換取引を行う当事者たちの間におけるサービスとサービスの直接交換（サービス供給に対するサービスによる反対給付）はめったに存在しません。代わりに，貨幣やグッズそして組織がサービス交換時の媒介手段として使用される「間接的な交換」が一般的です。

　たとえば，AさんからサービスをB供給を受けたBさんは対価として貨幣を支払い，その支払いを受けたAさんは貨幣を使って必需品のグッズをCさんから購入します。その後，AさんはグッズをB使用するときにCさんがグッズに搭載しておいたサービスを享受できます。この最後の点がFP 3 の「グッズは，サービス提供のための伝達手段である」の意味に相当します。また，この例示のBさんを「企業」のような組織と考えれば，Aさんは労働サービスを企業に提供して賃金を得て，その賃金で生活必需品（グッズ）を購入・利用している関係性としても理解できます。つまり，本来は経済活動の基盤はすべてサービス交換であるのに，あいだに複数の媒介手段が介在することで，その本質が人々の目から隠されてしまう点をFP 2 は指摘しています。

FP 4 の「オペラント資源が，戦略的便益の基本的源泉である」は，オペランド資源（物財／グッズ）の使用者に，その利活用を可能にする適切な知識やスキル（オペラント資源）が備わっていなければ，その物財は便益をもつ有用なものにはならないことを意味しています。たとえば，土地を黒く汚す汚泥でしかなかった石油というオペランド資源に対して，その利活用に関する知識やスキル（オペラント資源）が適用されることで，石油は有用なエネルギー資源になります。まさに本章の冒頭に紹介したミドリムシは，その使用価値を見出すことにつながりそうなオペラント資源を探索中なのだと理解できるでしょう。

次に，公理2（FP 6）の「価値は，常に受益者を含む，複数のアクターたちによって共創される」です。ここで言う価値は，使用価値のことです。受益者は，サービスの使用者です。このFP 6 は，先述の図表2－2で示したように，G-Dロジックのように「価値の生産者」と「価値の消費者」は明確に分離できず，S-Dロジックではサービス交換に携わる当事者（アクター）たち全員の間で価値が協働的に生み出されることを示しています。

この価値共創プロセスでは，「アクターは，価値を提供することはできず，バリュー・プロポジションの創案と提案に参加することしかできない」という性質がFP 7 として指摘されます。つまり，企業などのアクターは，潜在的な顧客に対して，彼らの提供サービスが果たす「見込みの便益」を企画立案・提案できますが，使用価値の創造までは一方的にできません。使用価値は，顧客との相互作用があって初めて生まれるからです。

だから，FP 8 の「サービス中心的な見方は，その性質上，受益者志向的であり関係的である」という言明につながります。S-Dロジックにおけるサービス提供者とサービス受益者は，関係的で不可分です。企業・供給業者・顧客・利害関係者などの間で対話が継続されることで，各アクターの声や社会のニーズが明瞭に理解されていきます。

公理3（FP 9）は，「すべての社会的および経済的アクターたちが，資源統合者である」です。まず，資源は3分類できます。1つは，市場取引を通じて調達できる種類の資源です。2つめは，個人が保有する人脈や，友人間の貸し

借り関係，家族の助言や支援，他人から得られる親切な行為など，市場取引になじまない私的な資源です。3つめは，政府や地方自治体が提供するインフラ（道路など）やルール（法律など）や治安（警察－国防など）のような有形・無形の公的な資源です。資源統合者とは，これら3種類の資源を組み合わせて新たな資源を創造して，サービス交換に使用しているアクターのことを指します。そして，すべてのアクターが，これを行っている資源統合者であるとFP9はいうのです。

　たとえば，教育サービスを子ども（と親）に提供している学習塾というアクターを資源統合者として見たならば，塾は，教材・教室設備・講師などの資源を市場取引で調達していますし，教え子や親御さんの口コミや評判という私的な資源を使って顧客の塾生を集めていますし，さらに学校などの公教育機関が提供するインフラやルール（テストや入試の仕組みなど）を公的な資源として活用しています。いかなるビジネスも，アクターとして多かれ少なかれ何らかの形で3種類の資源を資源統合しているのだと理解できます。

　公理4（FP10）の「価値は，常に受益者によって独自にかつ現象学的に決定づけられる」とは，使用価値の評価が個人的な消費経験の文脈に大きく影響を受けることを意味します。現象学的というと小難しく感じますが，言っていることは単純です。サービスの受け手が異なれば，認知便益も人それぞれ異なり，同じ人でもサービスの使用時や状況が異なれば，その時々で感じる便益が異なるということです。たとえば，ある人は梅干を健康維持のために食べるが，別の人は二日酔い解消のために食べるかもしれないというように，同一のモノでも人によって使用価値が違います。また，梅干を食べるのが同一人物でも，元気なときに病気予防で食べたときと，体調を壊した後の病み上がりに食べるときでは，やはり使用価値が異なります。使用価値は現象学的に決まるのです。

　最後に，公理5（FP11）は，「価値共創は，アクターが生み出した制度と制度の配合（取り合わせ）を通して調整される」です。制度とは，人間が考案したルールや規範や信念から構築されているものです。世の中に制度が存在することで，資源統合者としてのアクターたちの行為が，支援されもするし，逆に

制約されたりもします。その結果，諸行為は秩序づけられて予測可能になり，社会生活が円滑に回ります。また，制度の配合（取り合わせ）は，相互に関連し合う諸制度の集合を意味しており，これは，より複雑で高度な社会秩序の形成を促します。

　実際，制度と制度の配合が存在するおかげで，アクター間の価値共創が発散しないで収束できます。制度は，アクターが考慮すべき要素の数を大きく削減してくれるため，アクターたちが共創活動で行う意思決定を効率化します。たとえば，幼児向けおもちゃの新商品開発プロジェクトに関与するアクターたちは，新商品のおもちゃの原材料として考える候補の中から，粉々に壊れやすかったり毒性があったり危害を与える可能性があるような材質の原材料をあらかじめ除外して，安全性の高い材質の原材料のみを対象にして，迷わずに新商品アイデアを練ることでしょう。それは「幼児向け」に関する制度の配合が，アクターたちの所属する社会ですでに確立されているからです。

　ただし，この制度の配合がアクター間で過度に共有されるとしたら，短絡的に月並みな意思決定がされて共創活動からの新規性は生まれにくくなります。たとえば，「幼児向け」商品には人気キャラクター「ア○パ○マン」があしらわれたものがあふれかえっていて，あまり目新しい商品が見当たらない状況は，私たちの社会が無意識に共有している制度の配合のせいかもしれません。

　以上が，S-Dロジックの5つの公理と11のFP（基本前提）の全解説です。

3.2　バリュー・プロポジション

　企業が自社の製品やサービスについて有用だと想定する「自称の」便益を，顧客に対して提案・主張していくことが，バリュー・プロポジションです。

　G-DロジックとS-Dロジック，どちらの世界観を採用する企業であっても，顧客に対するバリュー・プロポジションの活動は必ず実施されますが，その取り組み方に違いが現れます。図表2−5では，交換価値を基点にしたG-Dロジック型のバリュー・プロポジションと，使用価値を基点にしたS-Dロジック型のバリュー・プロポジションの実施方法の違いを対比的に示しています。

【図表2－5】

バリュー・プロポジションのされ方の違い		
	交換価値を重視した場合	使用価値を重視した場合
供給者に関わる要因	顧客の業務やニーズに対する限定的な知識	顧客の業務やニーズに対する広範囲な知識
	複雑な提案を出すためのコミットメントや能力の不足	複雑な提案を出せる経験と能力とコミットメント
	一方的コミュニケーション バリューの潜在力を説得的に示すのが難しい	高度なコミュニケーション 共創の中に顧客を取り込み，バリューの潜在力を納得させられる
	企業文化や販売の志向性が製品中心的	企業文化と経営のマインドセットが顧客中心的
	リスク管理のスキルが限定的	業務上・財務上・戦略上のリスク管理スキルをもつ
	既存あるいは潜在的な買手の信用が得られていない	信頼を永続的に構築するポテンシャルがある
	顧客の購買部門と戦略的かつ業務的な関係性が弱い	顧客の購買部門と戦略的かつ業務的な関係性が強い
顧客に関わる要因	短期的な志向	長期的な志向
	供給者とのコラボレーションが限定的	供給者と効果的なコラボレーションをする
	買い手は企業の業務に関する理解が乏しい	経験のある購買部門が新しいアイデアと価値創造の機会を開く
	顧客は明確で限定的な契約期間を設定	長期的な契約期間の可能性
	購買部門において支払者が主要な役目を果たす	購買部門において戦略的な視野を持つユーザーが主役を務める
	購買部門は価値創造に対して空間的・時間的な近視眼をもつ	購買部門は価値創造に対して系統だった視点をもつ
	弱い実行スキル	価値創造の利点を得るための内部知識と能力
	購買機能の地位は低くて活用が低度	購買は戦略的な機能
	購買部門は製品を調達	購買部門はソリューションを調達
	短期的視点で供給者を選ぶ	長期的視点で供給者を選ぶ
	価格重視：顧客は「品質増より価格減」「価格増より品質減」をより喜ぶ	品質重視：顧客は「品質減より価格増」「価格減より品質増」をより喜ぶ
	伝統的で製品中心的な評価システム	創造価値を捕捉可能な評価システム

出所）Kowalkowski（2011），p.285より筆者作成

3.2.1 交換価値重視のバリュー・プロポジション

　交換価値を重視するG-Dロジックの場合，企業（供給者）と顧客のどちらもが取引対象物（製品）の交換関係を中心にしてバリュー・プロポジションを捉えます。供給者は，高値で売れそうな付加価値を製品に埋め込み，それを一方的に顧客に訴求します。「顧客が実際に何を求めているのか」といった顧客ニーズに関する情報や知識はあまり考慮せず，極端な言い方をすれば，「製品のことを最もよく知るのは自社である」という姿勢で，供給者は顧客に対峙します。

　一方で，顧客のほうは，すでに一定の形としてできあがった製品を市場の中から選びます。複数の供給者たちが提示しているいくつかの既定のバリュー・プロポジションの中から，顧客自身にとって最も合理的なもの，つまり「お値打ち製品」が選択されます。この場合，顧客のもつ細かなニーズに供給者側が応じてくれるわけではないので，供給者と顧客は製品を購入するときだけのお付き合いです。交換価値を重視する取引関係の下では，顧客は「よい買い物」をすることに気を配ります。

3.2.2 使用価値重視のバリュー・プロポジション

　使用価値を重視するS-Dロジックの場合，企業（供給者）と顧客の間の関係性は，製品が市場で交換取引される時点だけでなく，その前後，つまり購入前と購入後の使用時にまで広範囲にわたると考えるため，この広い関係性を視野に入れて，バリュー・プロポジションがなされます。

　供給者は，顧客の使用価値をより深く理解するため，顧客の業務やニーズに関する情報や知識の収集と理解に努めます。顧客の意見を製品開発に取り入れるなど，顧客とのコミュニケーションをとりながら価値の共創をめざします。

　一方，顧客のほうは，自らの業務で直面している問題やニーズを的確に解決してくれるような「ソリューション（解決策）を供給者から調達する」という姿勢で供給者との関係を構築します。顧客は，的確なソリューション・サービスを提供できる能力のある企業を，取引相手として重用したがります。

使用価値を重視する取引関係の下では，製品が売買される時点だけでなく，購入の前後も含めた長期的な視野で，企業と顧客の共創プロセスの中におけるバリュー・プロポジションがなされます。それゆえ，企業と顧客のそれぞれが獲得する価値の総量は，ともに増加させることができます。使用価値重視のバリュー・プロポジションは，顧客の製品に対する認知便益を増大させると同時に，それに見合ったかたちで企業の製品販売価格を維持・向上させられます。これは，交換価値を重視する取引関係の下において製品の評価価格をめぐって生起しやすい，顧客と企業間の「ゼロサム・ゲーム的な価値獲得の競合関係」から両者が抜け出せる可能性を示していると言えるでしょう。

3.2.3　バリュー・プロポジションの案出方法

　S-Dロジックでは，FP 7として「アクターは，価値を提供することはできず，バリュー・プロポジションの創案と提案に参加することしかできない」とされます。この考え方のもとで，企業はいかにしてバリュー・プロポジションを作り上げるべきなのでしょうか。ここでは，オスターワルダー（Osterwalder, A.）ほか著の『バリュー・プロポジション・デザイン』で示される方法を見ていきましょう。この本でもS-Dロジックの考え方と同様に，「製品とサービスそのものが価値を生み出すわけではありません」，「それが，特定の顧客セグメントとの関係の中での仕事，ペイン，ゲインに応えてはじめて価値が生み出されるのです」（p.29）と述べています。

　そのうえで同書は，顧客の立場で考えるときに役立つ「**顧客プロフィール**」を作ることを推奨しています。その作成手順は，「１．顧客セグメントを選ぶ，２．顧客の仕事を書き出す，３．ペインを書き出す，４．ゲインを書き出す，５．仕事・ペイン・ゲインを順位付けする」というものになります。これが明らかになった後，「ペインリリーバー」や「ゲインクリエーター」という視点に立って，顧客の仕事内容をより改善できそうな方法を模索します。

　ペインリリーバーとは，製品とサービスによって顧客のペイン（苦痛）を取り除くための，具体的な解決法のことです。仕事を成し遂げる前後とその最中

第2章　使う人の喜び　**47**

に顧客を悩ませていることや，仕事の障害となることを取り除いたり減らしたりする方法をはっきりと描いたものです。優れたバリュー・プロポジションは，顧客の気になる悩み，とりわけ深刻な悩みに対応しています。

　ゲインクリエーターとは，製品とサービスを通して顧客のゲイン（利得）を生み出す，具体的な方法のことです。顧客が期待し，望み，時には驚くような結果や恩恵を生み出す，前向きな手法です。当該製品やサービスが顧客に対して提供する，機能的な利便性，社会的な利得，喜びの感情，費用の節約などがこれに含まれます。優れたバリュー・プロポジションは，製品やサービスについて顧客が抱く認知便益を高めることにつながります。

　そもそもバリュー・プロポジションが顧客にフィット（合致）している状態とは，企業の提案が「顧客の大切な仕事に役立ち，深刻な悩みを和らげ，必要な恩恵を与えることで顧客が喜んでいる」状態のことです。しかし，フィットを発見し維持することは決して簡単ではありません。「顧客は価値提案の裁判官であり，陪審員であり執行者でもあります。顧客はフィットのない提案を容赦なく切り捨てるでしょう」（p.43）と同書は指摘しています。

　すなわち，使用価値に着目して顧客の消費経験視点を理解していくことは，企業が優れたバリュー・プロポジションを顧客とともに創案していくうえで必要不可欠な取り組みなのだと言えるでしょう。

3.3　ジョブ理論

　それでは「顧客の消費経験を理解する」とは，企業にとって具体的にどのようなことなのでしょうか。この点で参考になる考え方が，イノベーションの事例研究で有名なクリステンセン（Christensen, C. M.）たちによって提示されている『ジョブ理論』です。

　彼らの考え方は，徹底的に顧客の置かれた状況に焦点を当てます。顧客は，日常生活のなかで様々な「**片づけるべき用事**」に常に直面しています。この「片づけるべき用事」のことを「**ジョブ**」と呼びます。片づけるべきジョブを手伝ってもらうために，顧客は，商品（製品やサービス）を解決策として「**雇**

う」のだと考えます。

　しかし，現状において世の中に提供されている商品が，一人ひとりの顧客の抱えているジョブを効果的に解決しているわけではありません。そのジョブに的確に応えられる商品（雇用できるもの）が存在しないために，顧客はジョブの遂行をあきらめているかもしれません。あるいは，とりあえず手近に入手できる商品を雇ってジョブを手伝わせているが，顧客は，その商品の「働きぶり」に不満を感じたまま仕方なく使用し続けているかもしれません。このような状況に直面している顧客を見つけ出し，そこで明らかになったジョブを効果的かつ効率的に片づけられるような新商品を開発する機会を見出すことが，成功するイノベーションへと企業を導くというのが，クリステンセンらの主張です。

　たとえば，この節のはじめのところで，製品を名詞的ではなく動詞的に捉えることで製品が本来的に発揮しているサービスを理解しやすくなると指摘しました。アイロンを使うと衣服に「アイロンをかける」ことができる，という例などです。製品をサービスの伝達手段として捉えるS-Dロジックの視点は，ジョブ理論でも共通です。ただし，ジョブ理論では，顧客の状況にさらに深く踏み込んで考察します。

　アイロンを雇用する顧客は，どのような用事を片づけたがっているのでしょうか。もちろん，顧客ごとに抱える悩みは異なるはずです。「衣服のシワを伸ばしたい」「アップリケなどを熱プリントしたい」などは，基本ニーズでしょう。他には「家庭的なよき妻やよき母を演じる小道具（嫁入り道具）として使いたい」「クリーニング代を節約したい」，さらには「スチームで布団や毛布のダニ退治をしたい」「シュウマイを蒸し料理したい（YouTube動画参照）」など，かなり発展的なアイロンの使用文脈を顧客は想定したりします。

　いずれにせよ，ジョブ理論では，その商品が顧客の置かれた特定の状況のもとで雇用された理由を深く掘り下げます。同時にまた，顧客が別の商品を「解雇」して，代わりにその商品を雇用する意思決定を考察します。たとえば，顧客がクリーニング屋を解雇してアイロンを雇用するにはどうすべきか，また，

顧客が電子レンジや蒸し器を解雇してアイロンを雇用するには何が必要か，という視点で，アイロンのメーカーは商品開発に取り組むことになるでしょう。

　さらにジョブ理論では，顧客が商品を雇用するときに現れる2種類の雇用意思決定を区別すべきだと指摘します。

　ひとつは「ビッグ・ハイア（大きな雇用）」と名づけられた意思決定で，これは顧客が製品やサービスを初めて購入する瞬間にのみ出現します。クリステンセンらによれば，ビッグ・ハイアは販売時点の売上記録としてデータ収集しやすいため，ほとんどの企業は，この記録データばかり追跡してしまうといいます。その帰結として，交換価値を重視するG-Dロジック型のバリュー・プロポジションに，企業は取り組みがちになると予想されます。

　一方，商品に対するもう1つの雇用意思決定は「リトル・ハイア（小さな雇用）」と呼ばれるものです。ジョブ理論において，リトル・ハイアとは，顧客が実際に製品やサービスを消費するときに出現する意思決定を意味します。すなわち商品が「再雇用」されて，顧客によって繰り返し消費に利用されるときが，リトル・ハイアです。ある商品が顧客のジョブをうまく解決できるのであれば，それは何度でも雇用されて繰り返し消費されます。しかし，販売済みで企業から顧客の手に渡った商品が，実際にどのように使用されているのか，これを企業が記録をとるのは決してたやすくありません。このような場合にこそ，使用価値を重視するS-Dロジック型のバリュー・プロポジションに依拠して，企業は，顧客との価値共創に積極的に取り組む必要があると言えるでしょう。

4．本章のまとめ

　自動車メーカーのホンダの創業者である本田宗一郎は，会社のモットーとして「3つの喜び」を掲げました。それは「作って喜び，売って喜び，買って喜ぶ」です。第1の「作る喜び」は，技術者のみに与えられた喜びであり，彼の製作品が優れたものとして社会に歓迎されたときに感じる喜びです。第2の「売る喜び」は，販売担当者の喜びであり，低価格であっても高品質で魅力的

な製品をたくさん販売して利潤を得て，同時に彼がその良品を取り扱う誇りから感じる喜びです。最後に第3の「買う喜び」は，消費者の喜びであり，彼が購入品を日常的に使用する中で「ああ，この品を買ってよかった」と感じる喜びです。その著書の中で本田は「買った人の喜びこそ，最も公平な製品の価値を決定するものである」（p.216）とも述べています。これは，まさに顧客の使用価値を実現させることに焦点を当てた会社経営のモットーです。

最初に本章では，各消費者が様々な場面ごとに「相互作用的で相対主義的で選好的な」経験として認知している多様な使用価値を理解するために，3つの次元から，それらの使用価値を8分類するタイポロジーを紹介しました。

次に，社会における人々の経済活動のすべてを「サービス交換」という視点で説明する経済観を紹介しました。モノの交換価値に注目して，企業＝生産者と顧客＝消費者の2項対立的に経済活動を説明する伝統的なG-Dロジックと対比させながら，企業と顧客が互いに使用価値を高め合う共創プロセスとして経済活動を説明していくS-Dロジックの新たな視点を解説しました。

さらに，企業と顧客の関係性を見ていくうえで，バリュー・プロポジションについて取り上げました。交換価値を重視するG-Dロジック型のバリュー・プロポジションと使用価値を重視するS-Dロジック型のバリュー・プロポジションの考え方をそれぞれ比較し，両者が異なる点を確認しました。

最後に，顧客の消費経験を企業がより深く理解するために役立つ理論枠組みとして，ジョブ理論を紹介しました。「片づけるべき用事」を抱えた顧客が自社商品を「雇う」理由を考察していくことで，企業は，顧客との価値共創を開始する糸口を見つけられることが示されました。

第**3**章 無から有を生み出す努力

1．交換価値を形づくるもの

1.1　芸術の価値とは？

　サザビーズの競売で，2018年10月に「少女と風船（愛はごみ箱の中に）」という絵画が104万ポンド（約１億5,000万円）で落札されました。しかし，この絵画は落札の直後，作者のバンクシー自身によって額縁に密かに仕組まれていたシュレッダーにかけられて，絵の下半分が裁断されてしまいました（作者は完全に裁断する計画だったようですが，本番では失敗して半分だけ裁断されました）。この一件で興味深いのは，絵が裁断されて傷ついたにも関わらず，落札者は，喜んでそのまま購入したということです。また，今回の出来事によって，作品の価値は落札価格からさらに上がったとの見方も一部ではされているそうです。

　裁断された紙切れ・布切れに対して，あなたは使用価値を見出せますか？　あなたは１億円以上を支払うつもりはありますか？　そもそも芸術作品の価値は，どのようにして決まるのでしょうか。

　現代芸術家の村上隆は『芸術起業論』という著書で次のように言っています。「絵画は紙や布に絵の具を乗せた痕跡です。痕跡自体に価値なんてありません。価値のないものに"人間の想像力をふくらませる"という価値が加えられているのです」（p.45）。そのうえで，「"おもしろくないのにみんなが見る"というのは，これこそ，まさに，アートですよね」（p.100），「お客さんとの共犯関係をつくりあげることができているわけで，そこまで行けば，作品は，時代その

ものになっていくのです」（p.101）とも述べています。

ここでのキーワードは，「人間の創造力」と「お客さんとの共犯関係」です。つまり，本書でこれまで見てきた概念と対応づけるならば，前者は「モノの物神性」を生み出すことと関係し，後者は「顧客との共創」プロセスと関係しているといえるでしょう。

芸術作品は，競売にかけられて値付けされることではじめて，市場取引時の交換価値が明確になります。それ以前は，ただの紙切れ・布切れでしかなかったものに，突然「価値がある」との決定が下されて物化が進みます。大金を支払ってでも，それを購入したいという「想像力の豊かな」顧客がいる限り，そして次の買い手も引き続き登場する限り，芸術作品の交換価値は存続します。

また，芸術作品の交換価値すなわち市場取引価格は，取引以前において行われている顧客との共創プロセスで，高められていきます。

そもそも作家が制作する芸術作品はオリジナルな一品ものですから，生まれながらにして稀少性があります。確かに，大量生産品の便器にサインをして題名をつけたマルセル・デュシャンの有名な芸術作品がありますが，これもまた，最初にそれを芸術的な「観念」として提示したという，ほかの誰にも真似できない稀少性があります。つまり，すべての芸術作品は本来的に稀少性をもちます。しかし，稀少性があれば，自動的に希少価値が発生するわけではありません。子供のイタズラ書きも，一品ものですが，高く売れる価値をもちません。希少価値を実現させるためには，その作品を熱望する需要家（買い手）の存在が不可欠なのです。だから，交換価値を高めるうえで，顧客との共創プロセスが重要になってくるのです。

モノ／サービスの交換価値は，取引相手の買い手がそれに対して認知している使用価値の大きさによって左右され，買い手がそれを使用することで得られる便益に見合った支払コスト（金銭的対価）として表現されます。したがって，交換価値を高める方策は，何よりもまず，顧客の認知便益すなわち顧客の使用価値を大きくすることです。芸術作品を投機目的で使用する顧客であれば，その使用価値を高めるため，転売価格の上昇に貢献する話題性や注目を集める仕

第3章　無から有を生み出す努力　53

掛けを周囲の関係者たちとともに作る，共創プロセスを必ず実行すべきでしょう。

1.2　仮想通貨の価値は？

　絵の具の痕跡が乗せられた単なる紙切れ・布切れであったとしても，絵画作品にはモノとしての実体があります。だから，高値で市場取引されている絵画に対して，人々が物神性を認めるのは，決して不思議ではありません。

　しかし，ビットコインやイーサリアムなどに代表される仮想通貨（暗号通貨）の場合は，コンピュータ・ネットワーク上のデータ情報ですから，目に見える実体はありません。それなのに私たちは，仮想通貨が交換価値をもつと考えて今後の生活の中で利用していこうとしています。

1.2.1　仮想通貨の交換価値を担保する技術的な要件

　実体として目に見えないデータ情報が，どのような理由から交換価値そして物神性を身につけることができるのでしょうか。この点について，まずは仮想通貨の技術的な側面について確認してみましょう。

　仮想通貨のデータはブロックという形で記録されています。ブロックとは，一定時間内（たとえば10分間）に行われたいくつもの取引データを1つの塊にしたものです。時間の経過とともに，定期的に（たとえば約10分おきに）新しいブロックがつくられて，過去のブロックの後ろに次々と追加されていきます。このとき個々のブロックは，1つ前につくられたブロックを参照する形で1つの塊データとして成立しているため，過去から最新のブロックまで一連の鎖のようにつながっています。図表3－1に示したこの状態のことを，**ブロックチェーン**と呼び，これは仮想通貨を実現するための基盤的な技術になります。

　過去のブロックと新しいブロックの連鎖は，仮想通貨の安全性・信頼性を確保するうえで重要な役目を果たします。たとえば，図表3－1のブロック（$b+1$）は前ブロック（b）が偽物ではない真正なデータであることを証明する情報（h_2）をベースにして算出された当ブロックに固有の情報（n_2）を付与さ

【図表3-1】

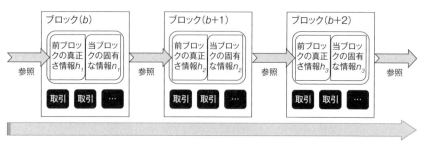

出所）Nakamoto（2009），p.3を参考に筆者作成

れて記録・成立されています。さらに，後続のブロック（$b+2$）はブロック（$b+1$）が真正であることを証明する情報（h_3）をベースに算出された当ブロックに固有の情報（n_3）を付与されて記録・成立されます。ちなみに，各ブロックに固有な情報n_1, n_2, n_3を算出・発見するための計算量，つまりコンピュータに必要とされるパワーは多大なものになります。そうして成立するブロックが連鎖していきます。

　この連鎖により，あるブロックの後に多くの世代が続くと，そのブロックの内容を変更あるいは改ざんするには，その後の世代の全ブロックを成立させている固有の情報値を一つひとつ再計算しなければなりません。この再計算は非常に多くの計算量を要するため短時間に終了不可能です。それゆえ，すでに後続ブロックの数が膨大に存在している古い世代のブロックの変更は極めて困難であり，この書き換え不可能性こそが仮想通貨の安全性を支えています。

　ブロックチェーン技術を解説したアントノプロス（Antonopoulos, A. M.）の著書では，「ブロックチェーンは地層や氷河のようなものです。表層部分は季節や気候の変化によって変化しやすいものの，十数センチ下の層では状態は安定し，さらに数十メートル下の層では数百万年前の状態がそのままの形で残っているのが見てとれます。ブロックチェーンも同様です。最近の数ブロックであれば，フォークによる再計算を行って書き換えられるかもしれません。先頭の6ブロックは深さ十数センチ分の表土のようなものですが，これより深

くブロックチェーンの奥に入っていくと，ブロックはどんどん変更されにくく
なります。深さ100ブロックまで降りると極めて安定的になり，…中略…数千
ブロック（1か月分のブロック）まで降りると，このブロックは歴史に刻まれ
確固たるものになっており，現実に生じるどんな目的の支払いにも使えます。
…中略…書き換えが起こる可能性は，時間とともに限りなくゼロに近づいてい
きます」（p.170）と指摘されています。

　以上は，新旧のブロック間における参照の連鎖が原因となって生まれる「記
録の書き換え困難さ」がもたらす仮想通貨の安全性・信頼性です。さらにタプ
スコット（Tapscott, D.）によれば，ブロックチェーンには重要な技術的特徴
がもう2つあります。

　1つは，「分散されている」ことです。実は，ブロックのデータを記録した
中心となるデータベース（貯蔵機）が存在していません。あらゆる取引を記載
したブロックのデータは，世界中で稼働しているコンピュータ機器をつなげた
P2Pネットワーク（サーバーを介さず，個々の参加者が対等な立場で直接や
り取りするネットワーク）の中で分散的に共有されています。だから，悪者が
仮想通貨の中央管理システムを乗っ取ろうと思っても，存在しないのですから，
それはかなわぬ話です。ブロックチェーンは，世界中の参加者たちのコン
ピュータ機器の上で動いているので，そのうちの1台が事故に見舞われても，
他の機器たちによって記録は継続して安全に保存されていきます。

　もう1つは「パブリックである」ことです。公開されたツールを利用して，
誰もがブロックチェーンのP2Pネットワークに参加できます。ブロックチェー
ンのデータは，ネットワーク上に置かれていて，いつでも誰でも自由に見られ
ますし，データの真正さを検証できます。

　このように改ざんが難しく，分散的に共有され，衆人に公開されている，ブ
ロックチェーンのデータは，確固とした「歴史的な記録」になります。それゆ
え，取引当事者の間に生じがちな「相手にごまかされるのではないか」という
不安を取り除きやすくなり，互いに信頼し合いやすくなります。ブロック
チェーン技術は「信頼のプロトコル」であると，タプスコットは強調していま

す。つまり，信頼性の基盤が仮想通貨の交換価値を支えているといえます。

1.2.2　経済ゲーム理論的な説明による仮想通貨の交換価値

　一方で，ブロックチェーンには，過去の取引をほぼ完全に記録保存できる特徴と，その記録が人々に情報公開される特徴があることに着目して，小島寛之は「ブロックチェーンは貨幣の本質か」という論考において，「取引主体どうしの信頼」とは異なった，また別の視点から興味深い考察をしています。

　彼は，ブロックチェーンのもとで取引参加者（プレーヤー）たちが行っている合理的な意思決定は，ゲーム理論のナッシュ均衡の一種である**完全公共均衡**（Perfect Public Equilibria: PPE）という概念によって説明できるといいます。この概念は「プレーヤー全員が知ることができる公共的情報だけから戦略を作る」という条件のもとで生じるナッシュ均衡であり，「他のプレーヤーがその均衡戦略を選んでいる場合，自分もその均衡戦略を選ぶことが得になる」ような戦略の組み合わせと定義されています。

　たとえば，プレーヤーの集合を ｜第 1 世代，第 2 世代，……第 n 世代，……｜ とします。各プレーヤーの戦略は，現在の収入の一部を年金給付として前世代（親世代）に対して譲渡を「行う」「行わない」の 2 つです。リアル・マネー（貨幣）は存在せず，代わりに「記録」を公的情報として使うことができます。ここで「記録」とは，前世代までのすべてのプレーヤーの取引の結果（「行う」「行わない」のどちらが選択されたか）であるとします。第 n 世代は，前世代以前の「記録」を参照して，今後の自分の行動を決定します。このとき，プレーヤーたちにとっては，次の戦略の組み合わせが完全公共均衡となっています。

- ■ **第 n 世代の「戦略☆」**
  - ➤ 記録において，(n-1) 世代までが選んだ行動がすべて，「行う」であれば，自分も行動「行う」を選択する
  - ➤ 記録において，(n-1) 世代までの少なくとも 1 世代が行動「行わない」を選んでいるなら，自分は行動「行わない」を選択する

第3章 無から有を生み出す努力 **57**

　この戦略☆が完全公共均衡になるのは，以下の理由からです。たとえば，自分が第 k 世代とします。そして，第 k 世代以外の第 n 世代（k<nの場合も含む）の戦略がすべてこの**戦略☆**であったとします。このとき，「記録」が「全世代が『行う』を選択した」であった場合に，「行わない」を選んだとすれば，損をします。なぜなら，第（k+1）世代が**戦略☆**を使うことから，自分が「行わない」を選んだことが原因となって，第（k+1）世代から譲渡を受けることができなくなるからです。他方，「行う」を選ぶなら，自分の世代までの「記録」（第 k 世代以前の「記録」）が「全世代が『行う』を選択した」となるので，第（k+1）世代が**戦略☆**を用いることから，自分も譲渡を受けられます。したがって，「行う」を選ぶほうが「行わない」を選ぶよりも，明らかに利得が高くなります。自分も**戦略☆**を用いることが最適な反応となるのです。このことは全世代のプレーヤーたちについて成立するので，**戦略☆**が完全公共均衡となります。

　以上，ゲーム理論の完全公共均衡という概念を用いた小島の考察を紹介しました。人々が過去にした選択（取引）の「記録」が公開されているという環境設定は，先に見てきたブロックチェーン技術の体系と同じ状況です。また，この状況下で成立する完全公共均衡の**戦略☆**は，新旧のブロックが世代をまたいで真正な取引情報を連鎖させていく（逆に虚偽取引情報を排除していく）理由としても，同一視できるでしょう。

　つまり，仮想通貨の交換価値は，過去から現時点までに関係した人々（取引主体たち）すべてが選択してきた「正しい取引行為」と同じ，「正しい取引行為」を自らも選択して行うことが，自分自身にとって最良の結果をもたらすと合理的に考える人々が仮想通貨の取引システムに参加し続けることによって維持されているのです。

1.3　貨幣の役割

　このように仮想通貨について考察した小島の論考では，リアル・マネー（貨

幣）の役割についても同様な観点で言及しています。彼によれば，貨幣は単に「前の世代から後の世代に紙切れが流れていく」にすぎないものではなく，その流れが「記録の役割を果たしている」といいます。要するに，「第 n 世代が紙切れを手にした」ということが，「これまでの世代すべてで取引が成立した証拠である」ことを意味すると指摘し，彼は仮想通貨の考察結果を敷衍しています。

　もちろん，これはかなり単純化した貨幣の役割に関する説明です。ポランニー（Polanyi, K.）は，『経済の文明史』という本の中で，原始貨幣から現代貨幣への歴史的な変遷を「特定目的貨幣」から「多目的貨幣」への移行として紹介しています。たとえば，古代社会では，個々の目的に対してそれぞれ異なる貨幣材が使われていました。支配者の富や威信を評価するときには，奴隷や馬や家畜が評価尺度として使われていましたし，他国の君主への貢ぎ物の支払手段として奴隷が使われました。一方，国内での少額の支払手段としては，子安貝の貝殻などが使われました。また，貴金属が貨幣として役立ったのは，外国からの輸入品との交換手段として使用したときだろうと，ポランニーは言います。

　それに対して，現代貨幣においては，支払手段や交換手段そして財産評価の標準として，あらゆる多目的に 1 種類の貨幣が統一的に使用されます。たとえば，「標準」として見た場合，貨幣は会計計算の道具としての役割を果たします。貨幣を使用して，様々な種類の財貨や物品を定量化して値札をつけることで，残高計算や予算立案などの計画管理が容易に実行可能になります。また，交換手段として見た場合，貨幣は取引主体にとって間接的な取引手段の役割を果たします。欲しい品物を将来の取引で得るために，まず人は間接的な交換（労働サービスなど）によって貨幣を入手し，その後，貨幣を使って目当ての品物と交換します。そして，支払手段として見た場合，貨幣は債務の決済手段としての役割を担います。生活していく中で人は，各種の物品やサービスを購入したり「雇用」することで債務を負いますが，その債務を貨幣の支払いによって解消しています。これらが，ポランニーのいう「多目的貨幣」の主要な

役割です。

　貨幣は，過去から現代までの各世代の取引に関する「記録の役割を果たしている」という側面を強調する先ほどの小島の指摘は，ポランニーの貨幣の役割に関する説明における「支払手段／債務の決済手段」としての側面に，とくに対応しているといえます。完全公共均衡概念を使った小島の仮想通貨に関する分析は，まさに債務の発生とその返済のプロセスをゲームの構造として描写していました。

　実は，「債務の返済」が貨幣経済の本質的な特徴である，と主張する議論があります。その代表例が，アグリエッタ（Aglietta, M.）とオルレアン（Orléan, A.）の『貨幣主権論』です。彼らは，人々の社会的な結びつき（紐帯）が「債務」の上に成り立っていることを，次のように説明します。

　個人は，ある社会の中で生きてゆくために，自らの生産物を提供しなければならないのですが，それに先立って社会から資源を調達する必要があります。つまり，個人が社会の分業関係に参加するにあたり，自らの活動を実行するのに不可欠な知的資源や物的資源を，まず社会（その他の人々）から提供してもらうことで本源的な「債務」が最初に形成されます。一方，社会の側も，個人の生産物を「社会分業の一部を担うもの＝社会的に有用なもの」として受け取るならば，社会（その他の人々）もまた個人に対して「債務」を負います。こうして数々の「債務」の形成と返済が，人々の間で永続的に繰り返され，社会的な紐帯が強固になっていきます。これらの相互的な「債務」の媒体が貨幣であり，貨幣は分業社会の中で最終的決済手段としての役割を持つと，彼らは言います。

　したがって，ある特定の貨幣が最終的決済手段として，私たちの社会で満場一致で受領されているという状況は，私たちが同じ支払システムに，すなわち同じ社会ルールの体系に服従していることを意味します。「貨幣への信頼とは，『債務を返済しなければならない』というルールを他の人々が受け入れるだろうことを信じることにほかならない」（p.225）と，彼らは指摘しています。

　以上の議論より，他の商品に対する貨幣の交換価値は，社会分業の中で必然

的に生まれる数々の「債務」を社会成員としての各個人が「きちんと返済すべきである」という，共通の倫理的基盤によって裏打ちされているといえます。

2. 薄れていく交換価値

2.1　GDPで測れない価値

　モノ／サービスの交換価値は，買い手がそれを使用することで得られる便益に見合った支払コスト（金銭的対価）として表現されるので，市場での取引価格がこれを数値的に示していると考えられます。ところで，一国の経済活動の活性度を表すうえで重要なGDP（国内総生産）という指標があります。基本的にGDPは，国内で人々によってなされた生産＝支出を市場価格で測って総計することから算出されます。だから，GDPの数値は，国内で生まれた交換価値を集約して表しているとも解釈できます。

　しかしながら，GDPは現代社会の経済活動を網羅的に表現できる指標ではありません。GDP指標について歴史的に研究したコイル（Coyle, D.）は，「GDPは20世紀の大量生産経済を前提とした指標であり，21世紀の経済における急速なイノベーションやデジタル化された無形サービスには対応しきれていない」（p.12）と，著書で述べています。とくに市場で取引されないものや，価格がつけられていないものは，その多くがGDPの計算から除外されます。

　たとえば，家事労働などのサービスは，測定が難しすぎるという理由でGDPの計算に含まれません。その結果，仮にある人物が，雇っていた家政婦と結婚して無償で家事をしてもらった場合，やっていることは変わらないのにGDPは減少するという，おかしな話が生じたりします。何がGDP計算の対象となる生産に含まれ，何が生産と見なされないのか，いわゆる「生産の境界」と呼ばれる問題が，GDP計算につきまとっています。

　とくに現代の経済で見落とせない現象として，無料のモノやサービスが次々と消費者に提供されている点が挙げられます。私たちの身近には，無料アプリ

などの代表例がたくさんあります。これら無料の製品／サービスは，利用者への販売価格が０円であったとしても，日々の生活をより便利にしてくれて，高い使用価値を私たちに提供してくれます。このような無料商品の場合，消費者の認知便益は高くて支払意欲の水準も相応に高いにも関わらず，消費者は入手・使用に伴う対価の支払（コスト）を求められません。前に図表１－３で示したような消費者の獲得価値（消費者余剰ともいう）は，とても大きくなります。

　しかし，値段がゼロだということは，公式の統計には記載されないということです。人々が，値段のついている商品を消費せずに，無料の商品に切り替えたら，確かに消費者余剰は増加するのですが，GDPの数値は減少してしまうのです。つまり，人々の生活の実際の豊かさをGDP指標では表現できません。

　ブリニョルフソン（Brynjolfsson, E.）とマカフィー（McAfee, A.）もまた，この点に関して「経済的満足がGDPに反映されるとは言いがたい。…中略…たしかに二〇世紀には，だいたいにおいて…中略…生産が一単位増えるごとに生活満足度はその分だけ高まり，従って生産された数量を集計すれば（GDPはまさにそうしている）幸福や満足のよい指標となる。車が，小麦が，鉄鋼が売れれば売れるほど人々の生活は幸福になる，というわけである。…中略…だが，値段の付かないデジタルのモノやサービスが経済に流れ込むにつれ，この見方は成り立たなくなる。…中略…公式統計からは，今日の経済で現に生み出されている多くの価値がすっぽり抜け落ちているといわざるを得ない」（pp.184-185）と，述べています。

　以上のことから，現代の経済社会においては，無形で無償のサービスが重要性を増して消費者に多大な使用価値をもたらしているにも関わらず，それらは「量」としての計測が困難であるうえに市場取引で「価格」が付与されることもないため，その交換価値がGDPから消失しているという事実がわかります。

　従来，GDPが成長しているということは，企業の生産活動の成果も増加していることを意味しました。企業は，生産物の交換価値を顧客に認めてもらい，その対価を受け取ることで収益を確保していました。しかし，企業にとって，

目に見えやすい交換価値（＝市場価格）よりも，目に見えにくく計測も難しい使用価値（＝認知便益）が顧客にとって主要な評価基準になった現代において，企業はどのようにしてビジネスを組み立てていけばよいのでしょうか。

2.2 すべてが「フリー」になるとき

　情報通信技術（ICT）の進歩を背景にして，優れたアイデアや情報コンテンツがたいした労力を必要としないで次々に複製されて瞬時に世界中に伝播できるようになりました。ニュースは即時に「ニュース」ではなくなりますし，秘密にしておきたい知識も一度リークされれば短時間で周知の事実となります。つまり，ICTを通してやり取りされるデジタル化された情報コンテンツは，複製コストや流通コストなどの生産に関わるコストがほとんどかからないため，人々に対して潤沢に供給されています。

　このような現代の状況を『限界費用ゼロ社会』であると，リフキン（Rifkin, J.）は呼びます。限界費用とは，財やサービスの生産量をさらに1単位増やすためにかかるコストのことを意味します。たとえば，紙の広告チラシをもう1部追加して印刷する場合，その1部当たりの紙代とインク代と印刷手間賃が限界費用としてかかります。一方，インターネット上に電子広告チラシを作成した場合，その同一のチラシを1人だけのために公開する費用と数万人を対象に公開する費用は変わりませんから，限界費用はゼロだといえます。リフキンは，このように限界費用が縮小した状況が，様々な分野で無償のサービスや0円の財を登場させている背景であると指摘します。

　限界費用がゼロの場合には，追加的な複製生産を妨げる障害がないため，その財やサービスの供給量は豊富になります。それゆえ，その財やサービスの稀少性はなくなります。その財やサービスを必要とする人々に，それらが潤沢に行き渡るような状況では，誰もが対価を支払う意欲をもたなくなるので，財やサービスの市場価格は無料に落ち着きます。すなわち，交換価値が消失します。

　かつてパナソニック創業者の松下幸之助は，「水道の水は価あるものであるが，通行人が公園の水道水を飲んでも誰にもとがめられない。それは量が多く，

価格があまりにも安いからである。産業人の使命も，水道の水のごとく，物資を無尽蔵にたらしめ，無代に等しい価格で提供することにある」というような発言をしたと伝えられています。まさに「限界費用ゼロ社会」の発想です。

「フリー」には二重の意味があるとリフキンは言います。価格が「フリー」すなわち無料であることと，稀少性による束縛から「フリー」すなわち自由であることだそうです。

世の中の財やサービスが続々と「フリー」になったとき，交換価値は無用になります。しかし，企業は従来，交換価値を顧客に認めてもらい，その対価を受け取ることで収益を確保していました。すべてが「フリー」になるとしたら，企業はいかにして金銭的対価を顧客に請求できるのでしょうか。

2.3　交換価値の回復をめざす取り組み

ひとつの考え方は，財やサービスの「フリー」になっていく流れをせき止めようとする取り組みによって交換価値を取り戻すことです。これまで見てきたように，財やサービスの潤沢に存在する状況が，価格を引き下げています。ならばそれを転じて，人為的に稀少性を生み出すことができれば，価格も無料ではなくなるはずです。

2.3.1　過剰消費文化による人為的な不足状態

セドラチェク（Sedláček, T.）は著書において，私たちの消費社会の特徴は「不足それ自体の不足」であるという認識のもと，「消費に関して幸福になる道は二つありそうだ。一つは，永久に消費し続けること（次の幸福を手に入れるためには，もっと消費する必要がある）。もう一つは，すでに十分持っていると気づくことだ」（p.342）と指摘しています。つまり，前者の幸福追求方法のように，「過剰消費」を促すことで，人々の心のなかに渇望感を生み出せれば，客観的に見て財が豊富な世界においても，個人の欲望は満たされることはありません。

さらに彼は，「逆説的だが，現代人は，多くは人為的に不足状態を作り出し

ている。何かが足りないときに初めて冒険は始まるのであり，心躍る楽しみも人生の意味もそこから始まる。かくして，この目的のためにまるまる一つの産業が出現した——エンターテイメント産業である。この産業は，…中略…その多くが擬似的な不足状態を作り出すことで成り立っている。なぜなら，何かが足りない状態は，現代の日常生活では見当たらないからである。おそらく人々が望んでいるのは，足りない状態，追い求める状況である」（p.344）といいます。このように，不足状態を追い求める「過剰消費」文化を人々の心に根づかせることができれば，企業は擬似的な稀少性によって生産物の交換価値を提示できるかもしれません。

2.3.2　法制度による供給量の制限

　他方で，法的なトリックを適用することによって，財やサービスの稀少性を人為的に作り出す方法もあります。技術的な発明のアイデアや芸術的な創作活動の作品などは，特許権や著作権といった知的財産権として，法的な保護の対象にされています。

　これらは，権利者の許諾なしに他の人々が勝手に，「発明の成果を使用したり模倣すること」や「創作物を複製したり二次利用すること」から守られます。逆説的に言うと，法的な縛りがなければ，人々にとって有用なアイデアや創作物は，現代の発達したICTのもとで複製や模倣を続々とされて，すぐに世界中に広められる，つまり，豊富に供給されることになるはずです。法的に何もしないで自然に任せていると，アイデアや簡単にコピーできる創作物などは，限界費用ゼロそして交換価値ゼロ（無料）で大量に供給されていきます。これでは新技術を発明した人たち，芸術作品を創った人たちが，その創造に投入した労力に見合った収入を得る見込みがなくなってしまいます。

　だから，法的な制限をかけて，知的財産権をもつ人と，その使用権を認められた人たちだけに供給能力を限定します。そうすれば，有用で世の中に求められる知財であればあるほど，過小な供給量のもとでは希少価値が増して，結果的に交換価値（＝市場価格）も高く設定できるでしょう。

2.3.3　無料商品の周辺に稀少性をもつ財やサービスを見つける

　供給量が潤沢にある「フリー」商品から交換価値を引き出すのは，事実上とても困難です。だから，「フリーと競争するには，潤沢なものを素通りしてその近くで稀少なものを見つけることだ」（p.385）と，『フリー』という本でアンダーソン（Anderson, C.）は指摘します。

　たとえば，ソフトウェア・アプリが無料なら，そのサポートを有料で売ること，あるいはテレビ電話が無料なら，遠隔地の労働力・能力をその無料電話を使って届けること（海外立地の顧客相談コールセンターや語学会話レッスンなど）を，彼は例として挙げています。つまり，ICTベースのデジタル化された要素は簡単に供給量を増やせるから無料になりますが，対人的コミュニケーション能力が必要とされる人（労働力）の要素は短期間に速成して供給量を増やせないので，稀少性が維持されます。そこに交換価値を見出せるでしょう。

　また，類似例として，デジタル化された音楽コンテンツ（楽曲）のフリー化に対して，音楽コンテンツのパッケージ（初版CD限定盤・豪華おまけ付き）の販売やライブ・コンサート（会場体験・握手会）チケットの販売を行うことがあります。これは，供給時の限界費用を高めて，物理的な稀少性や時間的な稀少性を作り出せる仕組みであるため，企業にその交換価値をもたらすでしょう。

3．使用価値から顧客の支払意欲を引き出せるか

　アウトドア用品の有名企業パタゴニアによる製品価格決定の仕方が，『プランB』という本で次のように紹介されています。「多くの企業が単純にコストに利益を上乗せして価格を決めるのに対して，賢明な意思決定者は顧客が購入によって得る価値を基準にするということだ。顧客の評価をもとに製品の価格を決めることで，…中略…パタゴニアも満足し，顧客も満足できる」（p.188）。

　このような考え方は，企業側が意図的に稀少性を捏造することで，商品の「フリー」化に対抗して交換価値を取り戻そうという先の発想とは全く違いま

す。製品に対する顧客の使用価値（認知便益）から，顧客の支払意欲を引き出そうという発想です。つまり，顧客一人ひとりの使用価値を，適切に生産者（供給者）が知ることができれば，顧客の限界効用（限界費用ではない）の大きさに応じて，製品／サービスに対して様々な価格づけ（課金）が可能になる，という考えです。

3.1　使用価値を曖昧にしてしまう製品の「大きな塊」

　自宅のリビングに置いてあるテレビのリモコンのボタンを数えたら，48個ありました。ごく普通のテレビなのですが，操作ボタンの数の多さに驚きます。そのうち，私が日常的に押しているボタンは，電源入切ボタン・チャンネル選局ボタン・音量調節ボタンだけで，全ボタン数の7分の1程度の数です。つまり，私が使ったことのない機能を我が家のテレビはたくさん装備しています。同様なことは，電子レンジにもあります。どうやら我が家の電子レンジには，様々な料理を作るときに利用可能な機能がたくさんついているようです。しかし，日常的には「あたため」機能しか使いこなしていないのが，我が家の実情です。

　このテレビや電子レンジのように，消費者が製品に搭載されている機能をすべて使うかどうかに関わらず，「売られているまま」の形で購入しなければならないような財があります。消費者が，必要機能だけを選択して買うことがかなわない「大きな塊」として，生産者から供給される商品です。これらには，実際に機能していない，いつも眠っている「遊休設備」があるといえます。

　一方，我が家のガレージに目を向けますと，自動車がとまっています。展示するほど立派なクルマではありません。しかし，駐車中の時間ばかり多くて，ほとんど走っていません。私が自動車を運転する時間は，1週間の7％くらいでしょう。これほど稼働率が低くては，愛車と呼べないかもしれません。この例では，製品の持つ能力を24時間フルに活用できていない，「遊休時間」があるといえます。

　私は，テレビも電子レンジも自動車のいずれも，それなりに大枚をはたいて

購入しました。「遊休設備」と「遊休時間」が多い，これらの財は，その支払金額に見合った使用価値を私にもたらしているといえるか，疑問に感じます。

　近年，財が潜在的にもつ遊休資源をより有効活用することに焦点を当てる，シェアリング（共有）の考え方が台頭しています。たとえば，5人乗り自動車に1人で乗ると座席が4席空いていますが，その運転者と同じ方面に行きたい人々がいたら空席を彼らに提供するライド・シェアリング，あるいは通勤・通学時に利用したら他の時間は使われていない自転車があれば，昼間は買い物客にそれを貸して稼働率を高めるシェアリング・バイクなどが代表例です。

3.2　所有から利用へ

　私たちが使用価値を追求すればするほど，「大きな塊」で使用しない機能満載で，使用時間が少なく稼働率の低い商品は，魅力を減少させていきます。モノそれ自体を所有することよりも，その利用によって満たされるニーズや消費経験を重視するからです。この条件下では，稼働率が低く遊休資源の多い財は，受取手の顧客が離れていくため売れなくなります。その結果，人々は「所有権の購入」を希望しなくなり，財の交換価値は低下します。かわりに「利用権の購入」に，人々は興味を持ちます。

　企業側から見た場合，「所有権の販売」から「利用権の販売」への転換は，顧客との関係の築き方を大きく変えます。従来の，所有権の移転を伴うモノの販売は，顧客に「売り切る」関係です。この関係の下では，市場での取引時点における交換価値（価格）を最大化することに，企業は最も努力を傾けます。

　それに対して，利用権というサービスの販売は，1回限りの「売り手／買い手」関係ではなく，反復的で継続した関係になります。企業は，常にサービス内容をアップデートして顧客に問題解決を提供し，彼らの使用価値を向上させることに注力します。継続的な関係のもとで，サービス利用者の使用履歴や好みに関する情報を，企業は収集・蓄積していきます。そのうえで顧客にとって使い勝手のよいサービスが形成され，顧客はこのサービスから離れ難くなります。つまり「顧客の囲い込み」が，利用権販売型の企業で重視されます。

3.3　匿名性から顕名性へ

　『ソーシャルな資本主義』という本で國領二郎は，ICTの進歩によって登場してきたシェアリングの考え方に象徴される現代経済を「つながり経済」と名づけ，それに対比するかたちで，昔ながらの現金決済を中心とする貨幣経済を「切れていた近代」と位置づけて解説しています。

　彼によると「切れていた近代」は，貨幣によって媒介される交換関係から成り立つ「匿名経済」が社会の特徴だったといいます。名前も顔も知らない顧客が不意に店にやってきたとしても，商品を持ち帰ることができるための即座の決済手段として，貨幣が役立ちます。この特徴が，「良くも悪くもお金さえあれば，誰でも資源を調達して商売ができる」自由な経済社会を成立させました。貨幣を介して取引する明確な「個人」の主体性と責任が生まれた結果，個人に帰属する私的「所有権」を保証するという考え方が，社会に広まったといいます。

　しかし，「所有権から利用権へ」というトレンドをもっているシェアリング型ビジネスの台頭は，現代の「つながり経済」を背景にしたものであるため，「個人」の認識の仕方を再び変化させると，國領は言います。事実，ICTの進展によって，「その商品がどんな状態にあり，誰が利用しているかを継続期に確認できる」状態，すなわちトレーサビリティの高い状況が生まれつつあります。その結果，かつての匿名性を前提にしていた取引関係に代わって，「誰が」という情報を備えた顕名性のある取引関係が，一般的なビジネス手法として求められるでしょう。

　したがって，顧客の使用価値を高めて，そこからいかにして顧客の支払意欲を引き出すのか，という視点から，企業は利用権の販売方法を考える必要があります。

3.4　利用権の販売における課金方式

　サービスの利用権を販売するビジネスにおける代表的な課金方式は，従量制

課金方式（使用量に応じた料金を支払う）と定額制課金方式（使用量と無関係に一定の料金を支払う）です。この2つの課金方式の特徴的な違いについて，國領がその著書の中で，通信サービス業界の事例を引き合いに出して説明しています。彼によると，従量制課金は「保証型」サービスのための方式で，他方，定額制課金は「ベストエフォート型」サービスのための方式です。

3.4.1　保証型サービスの従量制課金方式

　電話を使用して通話サービスを受けるとき，顧客は相手との間の通話（通信）が途切れて声のやりとりができなくなってしまう状態を「あってはならない」として認めません。それゆえ，通信会社では，昔ながらの電話サービスにおいて利用者がいったん通話を開始すると，一定の回線容量を確保して通信を「保証」していました。これが保証型サービスです。

　保証型の場合，実際には利用者が通信を流しても流さなくても（電話中に無言の時間が長くても）電話をつないでいる時間中は，通信会社では一定の設備を利用者のために確保し続けます。したがって，その確保分に対して，通信会社が顧客に対して従量制で課金することに合理性があります。

　このように，顧客が100%の稼働保証を求めてくるようなサービスの利用権を販売するタイプのビジネスにおいては，稼働保証という認知便益（使用価値）に対して，企業は従量制課金を採用することができるといえます。

3.4.2　ベストエフォート型サービスの定額制課金方式

　ベストエフォートとは，「最大限の努力」という意味であり，言い換えれば「保証しない」ということです。事実，インターネット通信サービスは，通信スピードも保証しませんし，時には通信要素の一部が相手に届かないこともある，ということを前提にした回線設計思想からできあがっています。ただし，インターネット通信には，逆に通信回線に空きがある場合は非常に高速で，同じ時間内でも大量に情報を運んでくれるという，特長があるのです。

　保証型サービスとは対称的に，ベストエフォート型サービスでは，利用者ど

うしがネットワーク設備全体を共有（シェアリング）しながら，空き状況・混雑状況に応じて互いに使用する，という考え方になります。そのため，ネットワーク設備全体にかかる経費を，その利用者たち全員が等しく分割して支払うこと，つまり，定額制による課金が合理的ということになります。

さらに，この手のサービスにおいては，サービスを利用する顧客の数が増えれば増えるほど，共有設備の稼働率が上がって混雑状況もまた増加しますが，一方では，共有設備にかかる経費を多人数で頭割りして負担すればよくなるため，顧客1人が負担する定額料金の低額化が見込める可能性もあります。

このように，「大きな塊」で利用者1人当たりの稼働率が低くなりがちなタイプのサービス，言い換えると「遊休設備」や「遊休時間」を潜在的にもつような財（設備）の利用権を販売するタイプのビジネスにおいては，シェアリングの観点に立ちながら，ベストエフォート型のサービス提供を顧客に許容してもらうことで，企業は定額制の課金を採用することができるといえます。

3.4.3　優先的利用権への課金

しかし，ベストエフォート型サービスの問題点は，多くの利用者がサービスを利用したい時間帯（または時期や季節）になると，混雑してきてサービスの質が落ちることです。そうなると，「そんなのは嫌なので，自分だけは優先的にサービスを提供してほしい」と考える人も出てきます。そんなわがままな顧客ニーズに応えるために登場したのが，有料プレミアム・サービスだと，國領は指摘します。

サービス利用のピーク時において，サービスの「優先的な利用権」を提示して，それに高価格をつけるのです。そもそも優先的な利用ということは，大多数の利用を意味しないので，その利用枠の数量に限りがありますから，この権利には稀少性が生まれます。稀少性から高い交換価値が発生します。同時に，サービスの優先的な利用保証を必要とする顧客にとって，この仕組みは，高い使用価値をもたらしています。

サービスの利用権を販売する企業側から見た場合，そのサービスを提供する

【図表3−2】

	低優先ユーザー	高優先ユーザー
ピーク時	・利用から排除される	・優先的な利用ができる ・このセグメントのユーザー数で設備投資を決定 ・プレミアム料金設定
オフ・ピーク時	・空き容量を無償，ないしは低額／定額で利用できる	・使っていない時も，使う権利を保留することで，投資負担

出所）國領（2013），p.191を参考にして筆者作成

ために用意する設備や人員などの固定費を，誰にどのように負担してもらうかは重要な課題です。当然，大多数の顧客を集めて，全員に等しく一定料金を負担してもらうという方法もあります。しかし，ここで見たように，顧客の間でサービス利用に対するニーズが様々に異なるならば，必ずしも全員に同一料金を請求しなくてもよくなります（図表3−2参照）。

　たとえば，有料プレミアム・サービスを優先的に使いたい富裕層顧客からは高額料金を徴収しつつ，残りの一般顧客に対しては，ベストエフォート型サービスを無料または低額料金で提供するという課金構造も可能になります。

4．本章のまとめ

　最初に本章では，交換価値がどのようにして形成されてくるのかについて，芸術作品と仮想通貨の例を手がかりにして見てきました。一見したところ，実体をもたない仮想物であっても，前世代・現世代・次世代の人々が継続的にそれを受領していくという確信が人々にあれば，それを基盤にして交換価値が生まれることを指摘しました。また，貨幣（リアル・マネー）の発達の歴史と，貨幣が経済で果たしている役割に関して説明しました。貨幣は，とくに債務の最終的決済手段として，すべての人々に受領されている実情を述べました。

　次に本章は，一国経済全体での交換価値の総量を示すGDP指標のもつ限界

点を見ました。近年のサービス化やデジタル化がもたらす，無形あるいは無償の財に関する生産活動が，GDPに含まれないことを指摘しました。また，フリー商品の登場と，それらに交換価値を付与するための方策について論じました。とくに稀少性を企業が意図的に作り出せれば，フリー商品から金銭的対価を引き出せる可能性を示しました。

さらに本章は，「所有権の販売」から「利用権の販売」へと，企業のビジネス手法が移行しているトレンドを紹介しました。前者は，財を量的な単位で捉えて「売り切る」発想がベースにあり，市場取引時点での交換価値を高めることに企業の注意が向きます。それに対して後者は，顧客の使用価値を増加させるような継続的関係性の構築に注力します。そのために企業は，財の「遊休状態」の解消と「フル稼働」を可能にする，シェアリング型ビジネスを志向します。

また，利用権を販売するための代表的な課金方式である，従量制課金方式と定額制課金方式の特徴的な違いについても，本章では紹介しました。ただし，これらの課金方式は現実において二者択一ではありません。2つの方式を混合した課金が一般的に見られます。本章は通信業界の例を取り上げて解説しましたが，公共的に資源をシェアリングしてサービスを提供する業界はいろいろあります。たとえば，電力，水道，有料（高速）道路，郵便，文化教育施設などの料金設定について，考察してみるとよいでしょう。

AVAN：Activity-Value Acceptors' Network

第4章　よい流れをつくる

1．不快なニュース

　1815年3月1日，その前年に戦争に敗れて退位していたはずのナポレオンが，自らの帝国を復興するために再起して，フランス国内に配下の軍勢を再結集している……，というニュースをイギリスの金融業者であるネイサン・ロスチャイルドは耳にしました。彼は，このニュースを聞くと，ただちに兄弟たちとともに片っ端から金の延べ棒や金貨を買い集めました。884の木箱と55の大樽を満杯にするほどの量になったといわれています。戦争が起きると，軍資金が必要になるため，金価格が高騰します。それを見越した行動です。

　ネイサンは同時に，フランスに展開するイギリス軍とその同盟軍に資金を輸送するという仕事を軍から請け負いました。大陸に広がるロスチャイルド一族のネットワークを通じて資金輸送ができるからです。実際，その年に輸送された金額は980万ポンド近くに達しました。この取引に付随する手数料は2～6％でしたから，ナポレオンの復位は，ロスチャイルド一族をさらに裕福にするはずでした。

　しかし，ネイサンは予想外のリスクに直面しました。大量の金（金貨）を集めた彼は，過去のナポレオンの戦争と同様に，今回の戦乱も長引くだろうと予想していました。ところが，早くも同年6月のワーテルローの戦いで，イギリス＝オランダ連合軍とプロイセン軍がナポレオン軍に辛勝します。これを契機に，ナポレオン軍の敗北が一気に進展しました。ネイサンにとり，これは歓迎できないニュースです。予想外に早期の戦争終結となりました。

　いまやネイサンたちは，誰にとっても無用の金貨の山の上に座っているも同

然でした。その金が必要とされる戦争が終わってしまいました。平和が訪れれば，ナポレオンに応戦した軍隊は不要になり，連合軍も解散します。兵士の給料も，盟友諸国に支給する予定だった金も支払われなくなります。戦時中に高騰した金価格は暴落です。彼は，増え続ける巨大な損失に直面したのでした。

　上記のエピソードは，ファーガソン（Ferguson, N.）の『マネーの進化史』という歴史書の一節の要約です。金貨や金の延べ棒といえども，その使いみちや受取手が存在しなかったならば，無用物としか言いようがありません。これまで本書で見てきたように，金というモノに物神性を見出すことは危険なのです。

　通常，貨幣は商品を買えますが，商品は他の商品を買うことができません。貨幣は貨幣以外の金融資産を買えますが，非貨幣金融資産はいったん売却されて貨幣に転換された後でなければ，他の非貨幣金融資産を買うことはできません。当然このとき，非貨幣金融資産を貨幣に容易に換金したいというニーズが生まれるでしょう。証券などの非貨幣金融資産が，損失を被ることなく容易に貨幣に転換できる程度を示す言葉として「流動性」という概念があります。

　企業として取り組むべき第一歩は，自社の製品／サービスの受取手（顧客）を見つけ出して確保することです。言ってみれば，企業は自らの商品を顧客に販売することで換金しています。だから，自社商品の「流動性を高める」という発想で，顧客（受取手）との関係性を築くことも大切です。本章では，この課題について見ていきます。

2．顧客が受け取ってくれるものを開発する

2.1　受取手（顧客）を見つける

　第1章でも紹介した湯之上の本で，台湾の大手半導体メーカーTSMCに関する興味深い事例が紹介されています。同社は1987年の創設当初，見よう見まねでDRAMをつくってみたそうです。これをコンピュータ・メーカーのHPや

IBMに持ち込みましたが，ビット欠けの多発，貧弱な信頼性，ということで問題外の評価をされ，受け入れられませんでした。ところが，彼らは，その「でき損ないのDRAM」でも売れるところはないかと探し，新市場を見つけ出しました。オーディオ・プレーヤー業界だそうです。そこで使われるRAMなら，多少のビット欠けも，少々の信頼性の悪さも問題になりませんでした。彼らはこれを「オーディオRAM（ARAM）」と称しました。こうして，ARAM市場を見つけ出したTSMCは，ARAMを量産して成長のきっかけをつかみました。量産するうちに次第に技術が蓄積していき，同社はまともなDRAMも製造できるようになっていったということです。

　仮にTSMCが，顧客はコンピュータ・メーカーだけであると考えて，DRAMの製品品質の向上にばかり注力していたら，ARAMも生まれなかったし，安価で使い勝手のよいオーディオ機器も世の中に登場しなかったかもしれません。そして何よりも，企業が事業を立ち上げて成長させようとするなら，やはり同社のように必死で顧客（自社商品の受取手）を探す取り組みが不可欠でしょう。

　イアンシティ（Iansiti, M.）とレビーン（Levien, R.）も『キーストーン戦略』という本で，クレジット・カード業界の草分け的存在であるダイナースクラブの創業時の例を引いて，同じ点を指摘しています。

　「ダイナースクラブはマンハッタンのレストランとその得意客に実験的にカードを提供し，それからロサンゼルスに進出した。非常に小さな規模でローカルな成功を確認したうえで，レストラン以外にもカードの提供を始め，他の地域にも展開していったのである。…中略…もし市場が適切に設計されていなければ，テクノロジーとオペレーションにどんなに大規模な投資をしようと，スケーラビリティと持続可能性は保証されない。…中略…流動性は自律的なプロセスが必要であり，大きな投資を行う前に小さな規模でこれを実現できなければ，スケールアップさせることなど決してできないだろう。したがって，市場をスケールアップさせるための最良の戦略は，市場が小さくてマネジメントしやすいうちに流動性を達成することである」（pp.263-264）。まずは，顧客

（自社商品の受取手）を見つけて，商品の流動性を実現することが重要課題です。

2.2 顧客の受容可能性を求めて

パソコン・メーカーのデルを創業したマイケル・デルは，「研究開発費に金をかけているという理由で，うちより上だと思っている企業がたくさんあります。どこがうちより上なのでしょうか？　研究開発費の多くは，実は専有権を守るために使われ，消費者の役に立っていません。私たちは顧客にとって有益な研究開発だけをします。何のためのものかわからない商品は作りません。顧客が買いたいと思うもの，たくさん買いたいと思うものを作ります」（バーガーほか，2006, p.189）と皮肉混じりに述べています。

顧客が使用価値（認知便益）を見出すような製品／サービスを生み出すために企業が行っている取り組みの諸事例を，まず見てみましょう。

2.2.1 ユーザーの活動を理解する

顧客（ユーザー）にとって使い勝手の良い製品は，使用価値も高まります。『マイクロソフト・シークレット』という本で，マイクロソフトがパソコン用ソフトウェアを開発するときに使用している有用な手法が紹介されています。そのうちの1つに，「ユーザーの活動に基づく計画」というものがあります。

これは，ユーザーがソフトウェアを使って実際に行う（行いたいと考えている）作業はいったい何かという点から，開発するソフトに盛り込む諸機能を選別・優先順位づけしていくという考え方です。ソフトのユーザーは，たとえば，「手紙を書く」や「予算を組む」などの「片づけるべきジョブ」をもっています。これらのジョブを構成しているユーザーの活動を体系的に調査することから，まずソフト開発者は着手するのです。ユーザーが実際に行う活動を無視して，開発者の技術的な好みから機能を選択して組み込んでも，ユーザーにとって使いやすいワープロ・ソフトや表計算ソフトには決してなりません。

具体的には，ユーザーのソフト操作のなかで重要なもの，頻繁に使われるも

のを，どの程度サポートしているかによって，機能の重要度を評価しています。この方法には，①機能の取捨選択について開発者間で合理的に討議できること，②ユーザーのニーズに正確な順位をつけられること，③各機能が具体的な作業に役立つかどうかを的確に検討できること，④ソフトの設計仕様書が読みやすくなること，⑤営業部門・マーケティング部門・製品開発部門の間で協調性が高まること，などが利点としてあるそうです。

2.2.2　ユーザーからの報告による商品改善

　ソフトウェアの場合，ユーザーの使用環境によっては正常に作動しないことがあったり，いわゆるバグといわれるプログラムの欠陥が後から見つかることが通常よくあります。片づけるべきジョブをこなすことができないソフトは，ユーザーからすれば無価値です。ソフト開発企業は，できる限り早期にエラーや問題点を発見して解消する必要があります。できれば，正式な販売（リリース）以前に問題を克服したいと考えます。

　そのため，マイクロソフトなどにおけるソフト開発では，開発途中の製品（アルファ版）を社内の数千人規模の社員で実際に使用して問題を見つけて開発側にフィードバックしたり，あるいは選ばれた外部のユーザーにベータ版を配布して実際の使用環境で発生する問題を開発側にフィードバックしてもらえるような仕組みを構築しています。このように社内外の多数のユーザーからの報告を受けることで開発商品の改善が進み，一般的な顧客の受容可能性も高められます。

　ところで，小売業において顧客が受け容れてくれないとき，それは「返品」というかたちをとります。消費者が，その商品を一度購入して使ってみたものの，問題や不満を感じて返品します。これも顧客からのフィードバックです。

　小川進の『ディマンド・チェーン経営』という本の中で，ユニクロが消費者からの返品を通して商品力を強化していった経緯が紹介されています。同社は商品の購入後3か月間は無条件で返品交換を受け付けています。本書によると社長の柳井正は，「売る方の基準と買う方の基準は違うんです。売り手にとっ

てこれでよいと思っても，買い手にとっては満足できない場合があります。い
わば全国民がモニターになって，無料でコンサルタントをやってくれるような
ものです」（p.59）と述べています。そして，実際に返品された商品に不具合
が見つかったときには，商品の仕様を変更，あるいは工場に生産工程の改善を
指示することで，以後，店頭に並べる商品力の向上につなげているそうです。

　ハードウェア，ソフトウェア，カジュアルウェア，いずれの商品でもユー
ザーからのフィードバックをもとに，その使用価値を高める取り組みが重要で
す。

2.2.3　ダイレクト・モデル

　電子機器産業や情報産業などのように，短期間で商品の交換価値（市場価
格）が低落していく傾向を示す業界では，在庫の保有は高いリスクを伴います。
在庫は，生鮮食品と同じくらいの期間しかもたないとも表現されます。売れ
残った在庫商品は，押し込み販売などによって処分されます。デル（Dell, M.）
は自著の中で，「この行為の最大の問題は，顧客がすでに時代遅れになったシ
ステムに金を払うという貧乏クジを引かされる点だ」（p.136）と批判していま
す。

　そこでデルがパソコン市場において採用したビジネスモデルが，**ダイレク
ト・モデル**です。これは，顧客が欲しいと思っている仕様の製品を注文として
受注した後に組立製造して，直接その顧客に販売するという，**受注製造直販**の
体制です。一般的には，BTO（Build to Order）とも呼ばれています。この仕
組みでは，日が経つたびに価値を失っていく完成品在庫は発生しません。一方，
デルではサプライヤー（部品供給業者）からも必要に応じて部品が供給される
ようにしているため，原材料在庫も最小限に抑えられます。さらに，低落傾向
にある電子部品の価格（部品調達コストの低下）を即座に顧客に還元して，製
品の価格競争力を高められます。また，その時点での最新技術を搭載した旬の
部品を柔軟に採用できるため，製品の性能上の魅力も高められる利点がありま
す。

第4章　よい流れをつくる　**79**

　ダイレクト・モデルのコンセプトにおいては，「情報を得ることがすべて」だとデルはいいます。顧客のニーズに関する情報が少ないほど，大量の在庫が必要になります。だから，優れた情報を得ることが大切なのです。つまり，顧客が何をどれくらい欲しがっているかを正確に知ることができれば，在庫量を最小限に減らすことができるからです。このような考えのもと，デルは「顧客からの情報や顧客のニーズに基づいた製品・サービスを作ろうという趣旨で会社を設立した」（p.224）と言っています。

　確かに，ユーザーの顔がはっきりと見えているような業界や，製品に対するユーザーの期待やニーズが明確に理解しやすいような業界においては，これまで見てきたような取り組みにより，顧客からのフィードバック情報を入手することで，顧客にとって使用価値の高い商品を創り出すことができるでしょう。しかし，世の中の多くの業界の企業にとって，顧客は潜在的です。

2.3　製品開発より顧客開発

　「正直なところ，ユーザーのニーズはよくわからないですし，わかっている人はほとんどいないというのが私の認識です。…中略…人間のニーズはそれほど簡単に把握できるものではありません。…中略…『こんなものをつくってみましたけどどうですか』と提示した瞬間，ユーザーはそれが自分のニーズにマッチしたものかどうか判断します。『こんなものがほしかったんだよ』と思えば興味を持つ。つまりユーザーの動きがあったものはニーズがあって，動きがないものはニーズがない。それだけです。こちらとしてはいろいろなものを出していくしかありません」（p.71）と，古川健介（けんすう）は述べています。

　顧客を見つけること，顧客に買ってもらえる商品を提供すること，現実問題として，これほど不確実で難しいことはない，というのが実業家たちの本音でしょう。しかしながら，このプロセスをやみくもに実施しても，企業の資源を浪費して体力を消耗するだけです。それゆえ，成功した企業家の経験に基づいて，いくつかの指針が体系化されて紹介されています。

【図表4−1】

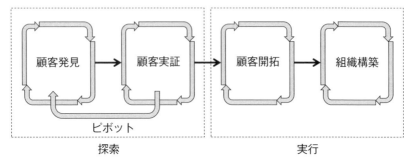

出所）ブランク（2016），p.30，図2.1より筆者作成

2.3.1 顧客開発モデル

　起業家教育で有名なブランク（Blank, S. G.）は『アントレプレナーの教科書』において，「誰が顧客になるのか」を見つけ出すためには，製品開発モデルとは独立した**顧客開発モデル**をもつことが必要だといいます。一般的な製品開発モデルでは，製品出荷開始日に焦点を合わせて開発管理を進め，出荷開始と同時に当該製品は顧客に受け入れられると想定していますが，これは幻想です。彼は，製品開発モデルの見落としを補完するものとして，「開発プロセスの早い段階で顧客と彼らの抱える課題を学ぶ」ことに焦点を当てた顧客開発モデルを，企業は併用すべきだと推奨します。それにより，顧客が全く興味をもっていない商品を無理やり市場に押し込むという，不幸な努力を避けられます。

　顧客開発モデルは，「顧客発見」「顧客実証」「顧客開拓」「組織構築」の４つのステップからなります。図表４−１のように，これら４ステップは，継ぎ目なくかみ合って，進行中の製品開発活動を補完するとされています。

　まず，**顧客発見**では，自社のビジネスモデルの妥当性，とくに製品が顧客の課題とニーズを解決するかどうか（製品機能と顧客の適合）の検証に集中します。その際，起業者はオフィスを出て顧客と直接話をすることが推奨されています。

次に，**顧客実証**では，反復可能な事業モデルを開発します。つまり，継続的に操業して，きちんと採算がとれるかどうかを見きわめます。顧客実証が不十分な場合は，ピボット（方向転換）をして前段階の顧客発見に戻り，新たな「製品機能と顧客の適合」を再探索します。

顧客実証を終えると，実行段階の**顧客開拓**へと移ります。この段階は，消費者の需要を創出して，その拡大をめざします。ターゲットにする顧客のタイプに適した，製品の市場投入方法，広告・PR，販売方法を実施します。最初に商品を気に入ってくれたエヴァンジェリスト・ユーザーの力も借ります。

最後の**組織構築**では，学習と発見のための探索型の組織から，実際にビジネスを実行していくために整備された組織構造へと転換を促進します。

この顧客開発モデルの特徴は，それぞれのステップで繰り返しがあることを想定している点です。なぜなら，「学ぶつもりがあるのなら失敗してもかまわない」という哲学が，この手法の根幹にあるからです。

2.3.2 リーン・スタートアップ手法

顧客開発モデルの前半ステップ，「顧客発見」と「顧客実証」の探索プロセスにおける企業の取り組みに焦点を当てて，そのモデルをより精緻化したのが，リース（Ries, E.）による**リーン・スタートアップ**の考え方です。これは，その名の通り，スタートアップ企業に対する提案となっています。

経営資源が必ずしも豊富にあるわけではないスタートアップ企業は，事業を立ち上げるうえでムダのない起業活動が求められます。間違ったことを正さずに，そのまま効率的に進めてしまうと大きなムダが発生します。それを防止するために，リーン・スタートアップの手法は，起業活動の有効性を重視します。顧客開発モデルの考えと同様に，初期の小さな失敗から学び，顧客に受け入れられるように事業構想の修正を繰り返します。つまり，早期に「顧客の受容可能性」を見つけ出すための起業手法といえます。

とりわけリーン・スタートアップでは，**実用最小限の製品**（minimum viable product：MVP）を開発プロセスで活用することを提案しています。

MVPとは，一種の試作品（プロトタイプ）のことで，企業が顧客に提案する製品機能や課題解決策（ソリューション）を，実用的で簡素なつくりの表現で実体化させた実験的製品です。たとえば，ダンボールや発泡スチロールなどの工作しやすい素材を使って構想中のハードウェア製品に似せた外見と主要機能をもつMVPを作ることや，すべての機能はプログラムしていないものの画面上のインターフェイスだけを表示させたソフトウェア製品のMVPを作ることなどが，その例です。

　MVPを活用するメリットは，具体的なイメージ製品を提示できることで顧客の認知便益の有無／高低に関するフィードバック情報を得やすくなる点と，試作工程が簡易で低コストなために短時間で多種類かつ多頻度に修正版を作成して検証できる点にあります。リーン・スタートアップ手法は，実験のバッチサイズを大きくしないことで，**構築－計測－学習**（Build-Measure-Learn）のフィードバック・ループを早く回すことが可能になります。

　奥出直人もまた，**プロトタイプ思考**という表現で同様のことを述べています。彼は，「失敗することでコンセプトを洗練させていく方法…中略…失敗からこそ学ぶことができる。つくらなければ失敗しない。すぐにプロトタイプに取りかかることを覚えたら，どんどんプロダクトやサービスづくりは進んでいく」（p.199）と指摘しています。

　リーン・スタートアップ手法を採る企業は，顧客からのフィードバック・ループを通じて継続的に事業構想の修正をはかり，また，状況に応じてピボット（方向転換）も柔軟に行います。その結果，ムダな資源投入を削減して，企業は自社商品の「顧客の受容可能性」を早期に発見できるのです。

2.3.3　ステージ・ゲート方式

　上記２つのモデルは，小規模なスタートアップ企業向けの提案としていわれたものでした。一方，大規模な開発プロジェクト向けには，クーパー（Cooper, R. G.）がステージ・ゲート方式を提案しています。

　これは**図表４－２**に示すように，「アイデア創出」「選定作業」「事業化構想」

【図表4-2】

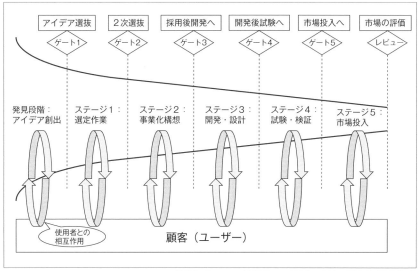

出所）Cooper（2011），p.101とp.102の図より筆者作成

「開発・設計」「試験・検証」「市場投入」といった製品開発プロセスの各段階での移行時点に，必ずゲートをもうけて，プロジェクト前進の可否を「顧客の受容可能性」の観点から審査するというものです。

　各ゲートにはゲートキーパーという意思決定者が置かれ，彼らによって各段階で「プロジェクトが適切に実施されているか」および「適切なプロジェクトが実施されているか」どうかを問われます。結果的に，各ゲートを通過できる案件は，その段階の要求水準を満たせているか，それは継続して開発投資するに値する魅力をもつか，それは必要な投入資源を得られるか，といった各種の問いに対して肯定的に答えられるものだけに絞り込まれます。このプロセスを経れば開発商品の成功確率が高まると，ステージ・ゲート方式は想定します。

　しかしながら，ステージ・ゲート方式だと段階移行時の審査通過を目的とした行動を開発メンバーがとりがちになるという本末転倒な問題が発生したり，また，審査のために開発活動が停止してしまうことから開発スピードが遅れる

など，実施上の弊害が出てくる可能性もあります。

2.3.4　セットベース・コンカレントエンジニアリング

　この問題に対する1つの解決策としては，モーガン（Morgan, J. M.）とライカー（Liker, J. K.）が『トヨタ製品開発システム』という本で紹介している，**セットベース・コンカレントエンジニアリング**手法が挙げられます。

　この手法は，製品開発の初期段階で，意識的に複数の代替案を同時並行的に熟慮検討し，複数の選択肢を保持しつつ最適解を追求していく「遅い意思決定」が特徴です。審査段階だからといって，無理して早すぎる意思決定をすると，後々に手直しする手間が発生して，逆に総開発時間が増えます。これを防止するのが目的です。

　自動車のように複雑な製品システムを開発する場合，スタイリング・技術開発・製造・マーケティングなどの各部門，そして部品メーカーなどの協力業者が抱えている問題意識やニーズは多種多様に存在します。ときには部門間の要求事項が，トレードオフ関係（あちらを立てればこちらが立たず）のこともあります。それゆえ，様々な解決策を同時に並べて代替案どうしの得失分析を行い，また，各部門から多様な視点をもった人々を開発プロジェクトに参画させて問題解決を進めていく，セットベース・コンカレントエンジニアリングの考え方が活用されるのです。

　確かに，手直しや手戻りなどをなくすことで製品開発にかかる時間を短縮することは重要です。しかし，いかに短期間で製品が開発されようとも，その製品が魅力的で多数の顧客を獲得できなければ，本末転倒です。先に示した図表4-2の下部に記されている「顧客（ユーザー）」が受け入れてくれるような製品を開発するための仕組みを企業は必要としています。

　たとえば，自動車産業においては，**重量級プロダクト・マネジャー**の設置が魅力的な製品を作り出すうえで役立っていると，藤本隆宏とクラーク（Clark, K. B.）の『製品開発力』という本で指摘されています。重量級プロダクト・マネジャーは，一言で言えば，製品の**内的統合**と**外的統合**を首尾一貫してなし

【図表4－3】

重量級プロダクト・マネジャーの特徴点
● 開発のほか，製造や販売を含む幅広い分野についての調整の責任
● コンセプトの創出から市場投入に至るまでのプロジェクト期間全体における調整責任
● 部門間の調整責任のみならず，コンセプト創出についての責任
● 仕様，コスト目標，レイアウト，主要部品の選択・決定についての責任
● 製品コンセプトが最終製品の技術的な細部にまで正確に具体化されていることを確保する責任
● 現場の実務を担当するデザイナーやエンジニアと，連絡担当者を通じてだけでなく，直接のコミュニケーションを頻繁にとる
● ユーザーとの直接的接触（プロダクト・マネジャー室がマーケティング部門とは独立して市場調査を実施）
● マーケティング担当者，デザイナー，エンジニア，テスト担当者，工場マネジャー，経理担当者等と効果的なコミュニケーションを行えるよう，それぞれの言葉で話せ，それぞれの立場で考えられる能力を有する
● 中立的な裁定や受動的な調停を超えて，部門間における対立の処理を行う積極的な役割と才能を有する
● 現在の市場における曖昧なヒント（潜在ニーズ）から，新しい市場を開拓する想像力と，将来のユーザーの期待するものを予測する能力を有する
● 書面手続きや公式的なミーティングに時間をかけるよりも，プロジェクトに参加している要員の間を巡回して，製品コンセプトを説いて回る

出所）藤本・クラーク（2009），p.304を参考にして筆者作成

遂げる役割を担うリーダーです。内的統合とは，多様な技術分野にまたがる多数の部品類を組み合わせながらも，正確に機能する複雑なシステム製品を高品質に創作する取り組みです。一方，外的統合とは，多様で不明瞭なユーザー・ニーズを的確にくみ取り，ユーザーの期待に適合する製品コンセプトを創造する取り組みです。これらを統一的に行うのが，重量級プロダクト・マネジャーです。

　自動車産業のトップ企業において観察された，重量級プロダクト・マネジャーの特徴点をまとめると図表4－3のようになります。これは消費者にとって使用価値の高い製品を開発するための組織的な仕組みだといえます。

2.3.5 バリュー・ストリーム

　同じく自動車産業を調査して『リーン製品開発方式』を著したウォード（Ward, A. C.）とソベック（Sobek II, D. K.）は，最終的に顧客が製品／サービスを受容してくれる状況，つまり「産出物の流動性」を確保できるようなバリュー・ストリームを企業がつくり出すことの必要性を強調しています。

　彼らは，「開発バリュー・ストリーム」と「生産バリュー・ストリーム」という2つの中核的なバリュー・ストリームがあると説明しています。

　生産バリュー・ストリームは，原材料を製品に変換し，顧客に手渡すまでの活動を含みます。原材料を顧客がお金を支払ってくれる製品へと変えるときに，これらの活動は価値（使用価値および交換価値）を創造しています。

　一方，開発バリュー・ストリームは，新製品の機会を認識する時点（満たされていない顧客ニーズに気づいた時点）から生産を立ち上げる時点までの活動を含みます。開発部門が生み出す，製品の設計図面や解析・試験の結果は，高品質な製品とその製造工程をつくるうえで重要です。開発部門に存在意義があるとしたら，それによって生産部門が社外の顧客向けにより良い製品を生産することを可能にする場合だけだといえます。

　優れた開発バリュー・ストリームは，儲かる製品を製造できる生産バリュー・ストリームを生み出すことにつながります。そのため，開発部門は，生産部門を社内の「顧客」と考えて活動すべきなのです。

　このようにウォードとソベックは，2つのバリュー・ストリームに一貫性をもたせることが企業の重要課題だと指摘します。彼らによると，完全なバリュー・ストリームは「特定の機能を持ち，特定の顧客との対話を通して決まった特定の価格で，特定の工場で，特定の能力をもった特定の工程や設備と，特定の部品メーカーから買った特定の部品を使った特定の製品」により実現します。

　つまり，「産出物の流動性」を実現できているバリュー・ストリームは，これらの特定の特性すべてが一列に並んだ状態として表されます。逆に，失敗したプロジェクトでは，バリュー・ストリームの一部だけが他の部分を犠牲にし

第4章 よい流れをつくる　**87**

て最適化されていたり，部品がうまくかみ合っていない（高級品の顧客向けに低品質の部品を使うなどの）場合だといえます。

　製造業のカイゼン指導をしている鈴村尚久も，その著書で同様の視点の大切さを，次のように述べています。「モノ造りには，製造はもちろん，購買，営業など，会社のあらゆる機能が関与しています。しかし，大局観なきままに個別の部署の利害だけが尊重されると，隘路に陥りがちです。また，カイゼンを指導しているコンサルタントも，『営業改善』『物流改善』『生産改善』などと細分化されがちです。しかし，私は指導の方針として，造りから売りまでのフローのプロセスで仕組みを見るようにしています」（p.55）。

　最終顧客（消費者）は当然のこと，社内顧客などすべての「顧客の受容可能性」をめざして，企業活動の「よい流れ」を作っていくことが大切なのでしょう。

3．顧客が継続して受け取るものを生産する

　「顧客の受容可能性」を考慮に入れた開発活動を実施することには，誰も異論がないでしょう。しかし，事業として考えるならば，顧客の「受容」は1回限りの受容であってはならないはずです。同一顧客による再受容の数や新規顧客獲得による新規受容の数の増加を前提にした活動を，企業は実施するはずです。次から次へと「顧客の受容」を継続的に獲得し，「産出物の流動性」を高める仕組みを企業は構築しなくてはなりません。ここでは「顧客の受容可能性」とワンセットの概念である「産出物の流動性」の観点から，生産活動に関する諸理論を確認しましょう。

3.1　生産活動の「流れ」をつくる

　何よりもまず「トヨタ生産方式」は，この視点に適合する代表例でしょう。トヨタ生産方式を考案して実践した大野耐一は，同生産方式の出生の背景として「戦後の日本の自動車工業が背負った宿命」である小さな国内市場という制

約条件の存在を，その著書で指摘しています。つまり，同一品種を大量生産しても「顧客の受容可能性」はないうえ，そもそも大規模生産を可能にする潤沢な経営資本ももたない，という制約が日本の自動車メーカーにあったのです。だからこそ，少ない経営資源をムダ遣いせずに効率的に使用し，確実に顧客に買ってもらえる商品を多品種少量生産できるような生産システムを考え出さなければならなかったのだといいます。

3.1.1 引っ張り方式（プル・システム）

その結果として登場したのが，「かんばん方式」の生産工程でした。大野は，「多すぎる情報は，進み過ぎを誘発し，順序まちがい，つまり必要なものが必要なときにできず，つくり過ぎと同時に欠品をもたらす原因となり，ひいては計画変更が簡単にできないラインの体質に結びつく。企業の場では，過剰な情報は抑制されなければならない。トヨタ自工では，つくられるものに情報を背負わせることによって，これをおさえている」(p.89) といいます。自動車を完成させるのに必要な各種の部品類に対して「かんばん」という情報メディアを付着させて，それにより「必要な部品が，必要なときに，必要な量だけ」製造ライン・サイドにぴたりと到着する「ジャスト・イン・タイム」の生産工程を実現させました。

『トヨタ プロダクション システム』という門田安弘の研究書では，かんばん方式のことを「引っ張り方式」とも呼ばれると紹介しています。つまり，生産計画を全工程に同時に提示する中央計画的アプローチである「押出し方式」とは反対に，「引っ張り方式」は生産の流れを逆方向から見る発想です。簡略的に言えば，当該工程の人が「必要な部品を必要なときに必要な量だけ」前工程へ引き取りにいくのです。それに続いて，前工程は引き取られた部品を補充するために引き取られた分だけ部品の生産をすればよいのです。

実際に部品（半製品）が「使用された／消費された」という限定的な情報（引取りかんばん）によって，その部品を補充するための生産を指示する情報（仕掛けかんばん）だけが生まれます。だから，大野が言うように「過剰な情

第4章　よい流れをつくる　**89**

報は抑制」されているのです。

　人も設備も製品も，必要以上にあるものは，経営上のコストを高めます。事実，多すぎる人は余分な労務費を，過剰な設備は余分な償却費を，過剰な在庫は余分な金利を発生させます。トヨタ生産方式は，これらのムダを排除してコストを低減させることを主眼としていると，門田は述べています。同生産方式の究極的な要点は「限量」生産にあり，顧客の欲しいものだけを顧客が要求するときに提供し，そこで立ち止まることでムダの発生回避をめざします。

　それゆえ，この仕組みにより，顧客の使用価値を備えていない製品や半製品は，必然的に生産活動の中から淘汰されていくだろうと考えられます。

3.1.2　生産の平準化

　さらに大野は，生産工程をできる限り流れるようにすることが不可欠であると強調し，いちばん最後の工程に当たる完成車組立ラインのバラツキをゼロにする「平準化」を図るのが理想である，と述べています。トヨタ生産方式には，4つの平準化生産の概念があると，門田は著書（p.106）で指摘しています。

　第1が，「部品使用の平準化」で，最終製品を構成する各種の部品や原材料の使用量のバラツキをなくして，部品や原材料の在庫を極力小さくすることです。「引っ張り方式」を用いる生産方式では，これが4つの平準化のうちで最も重要になるといわれます。

　第2が，「製品工数の平準化」です。最終製品を組み立てる最終組立ラインにおいて，異種類の製品の組立時間に長短があるために，長い組立時間を要する製品が連続してラインに投入されるとライン停止が生じてしまいます。これを防ぐ目的で，組付工数の違う各種製品を均等なバラツキをもってラインに投入することでその稼働を安定化させます。

　第3が，「製品生産の平準化」あるいは「製品販売構成比率の平準化生産」です。最終製品が最終組立ラインから生産されて販売市場に出ていくにあたり，各種の製品が市場で売れる速度（1単位売れるための製品種類別の時間）に対応づけて生産することです。これにより，最終製品の販売市場における余分な

製品在庫を極力なくすことができます。

第4は，「部品工数の平準化」ですが，これは本質的に第2の「製品工数の平準化」と同様のものです。最終組立ラインに直結する部品組立ライン（サブアセンブリー・ライン）においても，同一ライン上で組付工数の異なる各種部品が生産されるので，特定の大きな組立時間を要する部品が連続して流れないようにして同部品ラインの停止を防ぐ必要があることを示しています。

これらの平準化に取り組むことで，切れ目のない作業の流れのなかで各作業が同じペースで進行していくことができます。実際，切れ目のない流れのなかで各ステップのバランスをとることが経営資源の節約につながります。この点に関してジョンソン（Johnson, H. T.）とブルムズ（Bröms, A.）は，「バランスのとれた流れのなかにすべての作業を結びつけることで，従業員は次工程から要求される以上の作業はせず，作業が済んだ分だけ次工程に送る」そして「それぞれの作業は，完成に向けて工程を一歩進めるごとに顧客の注文に応じるのに必要な経営資源を消費するだけですむ」(p.48)と，述べています。

企業は，バランスのとれた生産活動の「流れ」を設計して維持することで，経営資源のムダ遣いを避けつつ，「産出物の流動性」の確保に向けた取り組みを促進できるといえるでしょう。

3.2 顧客の受容する生産物をつくる

開発活動により生み出された製品コンセプトが，魅力的なものであったとしても，その製品が実際に生産されて顧客の手に渡ったときに，問題や欠陥があり品質が劣っていたら，顧客は不満を感じて，それを受容しません。当然ですが，企業は顧客を満足させられる品質の製品を作らなくてはなりません。『日本的品質管理』という本で石川馨は，品質管理を「もっとも経済的な，もっとも役に立つ，しかも買手が満足して買ってくれる品質の製品を開発し，設計し，生産し，サービスすることである」と定義して，消費者指向の重要性を説いています。そして，この目的を達成するためには，経営者以下，社内の全部門，全従業員が品質管理プログラムに参画し，推進していく全社的品質管理を実施

しなくてはならないと，彼は主張します。

実際に全社的品質管理を実行するうえで必要になる思考法として，「次工程はお客様」という考え方を持つべきだと，石川は述べています。

3.2.1 企業内顧客

たとえば，トヨタのような大規模な企業組織では，必ずしも従業員一人ひとりが「クルマの代金を支払う」最終顧客と直接的に関わるわけではありません。現実は，何千人もの従業員にとっての直接的な顧客は企業内顧客，つまり次工程を担当する従業員（工場内・オフィス内で自身の作業結果を受け取る人）です。この人々を満足させていくことが，ひいては最終顧客の満足にもつながります。

ジョンソンとブルムズも「企業内関係は切れ目のない流れとして結びついていて，個々の従業員が自ら設定した標準にしたがって企業内顧客のニーズを満たすことが，究極的には顧客のニーズを満たすことになる」（p.52）と，同様の指摘をしています。

3.2.2 自工程完結

「次工程はお客様」だと考えるならば，その工程の担当者は，後工程に対して不良品を渡すことは問題外となります。そこから出てくる発想が，自工程完結と呼ばれるものです。佐々木眞一によると，「品質を工程で造りこむ」ことで「自ら工程を完結させる」仕事の進め方が，自工程完結です。この慣行が企業にもたらすメリットとして，彼は一連の著作の中で次の2点を挙げています。

第1は，作業者が自分のやったことの良し悪しがその場ですぐにわかる点です。その結果，問題や欠陥を後工程へと潜在的に持ち越し，最悪の場合は最終顧客の手に粗悪品が渡ることを回避できて，即座に顕在化した問題の解決へと企業は取り組めます。同時に，自分の仕事が次工程（企業内顧客）の満足感や喜びとして実感できるため，担当者は，自信とやりがいをもって仕事ができるようになるといいます。

第2は，一人ひとりの担当者が後工程をはじめとする他部門のことも考えて仕事をしていくようになる点です。あらゆる仕事には前工程と後工程があり，すべてがつながっています。自分の仕事をきちんとしなければ，後工程が困ります。後工程が何を期待しているのかに気づけなければ，後工程が満足してくれる仕事はできません。後工程のニーズを理解しようとする姿勢が，部門間のコミュニケーションを円滑にします。お互いの仕事が見えることで，問題に対処するときの解決方法を見つけやすくなるのだといいます。

以上のように，すべての工程・すべての仕事の担当者が自身の後工程の満足する品質を備えた成果を生み出す努力を傾けること，その自工程完結型の仕事の連鎖が全社的品質管理を現実化させて，ひいては最終顧客にまで至る生産活動のよい「流れ」を形成するのです。

3.2.3 最終顧客の受容可能性への対応

こうして生産工場の内側においては，「産出物の流動性」を高水準で維持できているのがトヨタ生産方式ですが，自動車の流通販売まで含めた事業システムとしてみた場合には，とくに北米市場において，完成品在庫が多く存在するという問題が見られました。先述のパソコン業界におけるデルのダイレクト・モデル（受注製造直販）ならば，完成品在庫はありません。しかし，自動車業界における一般的な生産体制は，受注指向生産であるものの，一部に計画見込み生産を含めた不完全な受注生産であり，さらに自動車ディーラーを介した間接販売です。それゆえ，完成品在庫という売れ残り商品の問題が起きやすくなります。

この問題に対して，ホルウェグ（Holweg, M.）とピル（Pil, F. K.）は自動車産業における「受注生産の実現可能性」を検討し，仮にそれをめざすならば，次の3つの条件を満たす必要があるだろうと指摘しています。

第1に，顧客の要求がバリュー・グリッド全体を貫かねばならない点です。バリュー・グリッドとは彼らの概念であり，従来のバリュー・チェーン上における上流機能と下流機能との間の垂直的関係（たとえば製造部門と販売部門の

関係），それと並行するバリュー・チェーン上の同等機能との間の水平的関係（たとえば製造部門と他事業の製造部門との関係）に加え，縦横を貫く斜方関係（たとえば製造部門と他事業の販売部門との関係）にも注意を払い，すべてに統合的な事業活動を企業が構想するための視点です。したがって，消費者指向の全社的品質管理に注力することも，この条件の一構成要素になると考えられます。

第2に，生産と需要が直接的に結合されねばならない点です。つまり，顧客の実需が企業の生産の引き金となる仕組みの構築が求められます。しかしながら，販売機能を担うディーラーが別会社であると，デルのようなダイレクト・モデルは採用しにくいでしょう。生産機能部門と販売機能部門の間に，新たな関係性の構築が求められるでしょう。

第3に，生産システムが製品多様性と顧客の許容リードタイムに適応できるほど十分に柔軟でなければならない点です。顧客から受注後に，1台当たり約3万点ともいわれる自動車部品をそれぞれ製造し始めてとりまとめて特定の1つの完成車へと組み立てるとしたら莫大な情報処理が必要です。当然それは，サプライヤー（部品メーカー）やロジスティクス業者を含む複数の活動主体が協働しなければ実現できません。顧客から入る多種多様な注文に応じて，手際よく多種多様な部品を調達して，多種多様な製品を即座に組み立てられるような柔軟性をもつ生産工程を構築していく能力が，企業に必要とされるでしょう。

3.2.4　ストア管理で顧客の受容可能性を高める

「顧客の許容リードタイム」とは，顧客が受け容れることのできる「注文してから製品が届くまでの時間」すなわち納品にかかる待ち時間を意味します。この点に関して，先にも引用した鈴村尚久は，企業が短納期で差別化できれば価格競争を回避できるとの観点から「受注，即納品」をめざすべきだと説き，さらに「在庫をもつことがすべて悪なのではなく，売れるものをタイミングよく出すためであれば，在庫は絶対に持つべき」（p.71）であるといいます。

彼によると，トヨタ生産方式の神髄のひとつは「売れる機会の損失を防ぐた

めに，いかに適正な在庫を持つか」です。あらゆる在庫が悪者で排除の対象になるわけではなく，顧客の受容可能性を見込める在庫は，むしろ積極的に活用すべきです。適正に**ストア管理**（在庫管理）をすれば，即納品して販売機会を逃さないのみならず，現実に顧客からの需要がある製品だけを見極められます。

　部品や製品を保管する場所である「ストア」を見たとき，流れが速くて「後補充」を頻繁にしているものが売れ筋です。逆に，流れが遅くてストアに滞留しているものは死に筋です。その結果から，流れの悪い製品／部品への資源投入を削減して，流れのよい製品／部品への資源投入を増加させるといった経営判断を導き出すことができます。

　受注生産でも見込み生産の場合でも，生産工程にはストアがあります。企業は，ストア管理を工夫することで，短納期を求める顧客を獲得しやすくなり，さらに顧客の受容可能性の高い製品づくりへと，生産活動を方向づけていくことができるといえるでしょう。

4．本章のまとめ

　本章では，企業が自社商品の受取手となる顧客を見つけて，その商品（産出物）の流動性を実現させるために必要となる考え方を紹介してきました。

　まずは，顧客が使用価値を感じる商品を生み出すために，企業が取り組んでいる諸事例を見ました。使い勝手のよい魅力的な製品を開発するために，「ユーザーの活動を理解する」取り組みや「ユーザーからのフィードバック報告をもとにした商品改善」の取り組み，また「ユーザーが真に求めている仕様の製品を的確に提供する受注製造直販」の取り組み，これらが「顧客の受容可能性」の向上に役立つ点を確認しました。

　次に，企業が顧客を見つけ，そして産出物を顧客に買ってもらえる可能性を高めるための新商品開発手法について整理しました。はじめに小規模なスタートアップ企業向けに体系化された「顧客開発モデル」と「リーン・スタートアップ」を取り上げました。「製品開発よりも顧客開発を重視する」ことで

「顧客の受容可能性」を企業が早期に確保できることがわかりました。その一方で，大規模組織の開発プロジェクト向けとして提案されている「ステージ・ゲート方式」さらに，その問題点を補完する「セットベース・コンカレントエンジニアリング」や「バリュー・ストリーム」も解説しました。いずれにおいても顧客の期待に応える「外的統合」が，重要な活動になると理解できました。

やはり「企業は顧客の使用価値を知らない」のです。以上の各モデルは，それを知るための開発手法だといえるでしょう。

しかし，企業が，たとえ使用価値の高い魅力的な新商品を開発できたとしても，それを確かな品質で生産して，顧客に継続的に提供できなければ，事業は成立しません。そこで本章の後半では，「産出物の流動性」を確保・維持していくための生産活動について，主に自動車産業の知見をもとに整理しました。

代表例として，トヨタ生産方式を取り上げました。「かんばん」を利用した同方式は，「引っ張り方式」の特徴をもちます。それにより，生産プロセスの中には使用価値のある部品（半製品）だけが生き残り，次々と「流れ」にのって製造されていく仕組みになっていました。「切れ目のない流れ」として生産活動を維持するうえでは，とくに「平準化」の概念が必要になります。これらの考え方のもと，生産活動における経営資源のムダ遣いが回避されているのでした。

また，「顧客の受容可能性」の観点から生産活動を見た場合に，その産出物の品質が重大な問題です。本章では，全社的品質管理の考え方を紹介しました。「次工程はお客様」視点で，全部門・全従業員が「自工程完結」で産出物の品質を造りこむ管理手法の有用性を確認しました。

最後に，確実に顧客の受容が見込める受注製造販売を大規模に行うならば，多品種少量生産と「顧客の許容リードタイム」に適応可能な生産システムが必要になるとの指摘を紹介しました。納期短縮で「顧客の受容可能性」を高めるためには，適切な「ストア管理」が求められるという考えも取り上げました。

上記の議論をたどることで，「産出物の流動性」を恒常的に確保するのが開発・生産活動の主要機能であると理解できました。しかし，それは企業内とい

う狭い範囲だけで行うべきではなく，最終顧客の「受容」状況を的確に踏まえたうえで開発と生産の「流れ」を制御するという，広い視野も求められています。実際に「顧客の受容可能性」と「産出物の流動性」を具現化するためには，社内外に分布している諸活動を柔軟にとりまとめる仕事が必要になります。

ウォマック（Womack, J. P.）たちの自動車メーカーに関する研究書によると，リーン生産に取り組む「マネジャーたちには，サプライヤー組織とアセンブラー組織を結びつけたり，企業内の地理的に分散した部門どうしをともに結びつけるという，重要な機能がある」（p.204）そうです。つまり，社内各部門および外部関連企業との緊密な関係性の構築が，「産出物の流動性」の実現においては重要な経営課題だといえるでしょう。

本章では，産出物の受取手（顧客）の連なりにおける「流れ」について，開発と生産のプロセスを中心に見てきました。次章では，よい流れを生み出すような受取手の「連なり」について，組織構造の観点から見ていきましょう。

第 5 章　偏在する知識の遍在性

1．分権とは

1.1　集権的ディストピア

　オーウェル（Orwell, G.）の小説『一九八四』は，ビッグ・ブラザーに率いられる「党」が人々の生活（私生活も含む）と人々の思考（思想信条と心のすべて）を徹底的に監理統制する超全体主義的な世界を描いた有名作品です。その主人公のウィンストンは，真理省の記録局に勤める党員で，新聞や書籍，定期刊行物などの「誤り」を訂正する仕事をしています。党の決定に関する過去の報道記事が，現在の政治状況と異なって矛盾していた場合は，それを現状に合わせて改ざんして，古い記事をすべて廃棄処分し，公式の記録を書き換えるのです。党は常に正しかったという「歴史」を「記録する」というのが，彼の仕事です。

　ウィンストンの作業には，計画経済（国家が物財の生産と流通を管理する経済体制）のもとで発生する，計画と実績の数値上の違いを修正することも含まれます。たとえば，「ブーツの生産高の今期実績が六千二百万足だった」という発表が潤沢省（経済関係の省庁）から出されたら，同省が四半期前に行った予想の発表記事に「ブーツの生産高は一億四千五百万足の見積もり」とあると不都合です。そこで彼は，過去の発表記事の予想数値を引き下げて五千七百万足へと書き換え（統計数値を偽造）します。これにより「生産高が予定割り当て量を上回った」という，党の優れた経済運営を「記録」として根拠づけるのです。

この話は，計画経済体制の問題点を象徴的に表しています。物財の生産計画を立てる中央計画局の専門家たちが，あらゆる分野の物財について，その原料の調達から生産そして消費までのすべてのプロセスで必要とされている諸活動の内容を理解して，諸活動で求められる的確な判断をするための情報をすべて収集したうえで経済計画を立てるなどということは，全知全能の神でない限り，不可能なのです。実際，「誰ひとり正確なブーツの生産高を知らないし，そんな数字など気にしてもいない」とウィンストンは述べて，さらに「知っていることと言えば，四半期ごとに天文学的な数字のブーツが書類上生産されるが，人口の半分が裸足で暮らしているのではないかということだけ」と言います。

つまり，人は「知っていること」に対して的確な判断と意思決定はできますが，「知らないこと」に対してそれは全くできないのです。経済学者のハイエク（Hayek, F. A.）は，「社会における知識の利用」という論考において，中央計画局の計画立案者が現場や現状の知識をもたず，代わりに間接的な統計情報を頼りに計画立案することから問題が起きてしまうと指摘しています。

一方で，それぞれの個人は，自らの身の周りの状況や出来事，そして個人的に関心を寄せる物事に関する情報について，他人と比較して相対的に豊富な知識をもっているはずです。個人は，全世界についての完全な知識をもちませんが，身近な事柄についての知識は誰よりも多くもっています。言い換えれば，全知全能の神が一体的にもつはずの知識が，現実には，社会の中に散らばる各個人によって断片的に小分けされたかたちで保有されているといえます。

ハイエクは，この状態を逆手にとって活用するための提案をします。それが**分権**です。事情に疎く，人づてで間接的に集められた情報しか知らない中央計画局の計画立案者に意思決定は任せられません。特定の物事の判断に関しては，その特定の時間に，その特定の場所にいて関与している個人が，意思決定者になるべきです。彼は「現場の人間」が意思決定の主役になる，そういう自由な経済体制ができれば，社会に分散する知識を有効に利用できると言うのです。

以上は，経済体制という国家レベルでの議論でした。しかし，計画と実績が乖離する問題は，企業にとっても他人事ではありません。この章では，「現場

の人間」が活躍できる組織について見ていきたいと思います。

1.2　分権の構造特性

　ヒトデは，再生能力の高い生物として知られています。真っ二つに分断されても，ヒトデは2匹に分体して生きていけるそうです。一方で，ヒトデの移動速度はとても遅く，それは5本の腕がそれぞれ自律的に動き回るため，複数の腕の相互作用が協調できないと移動が困難だからだそうです。

　それに対して，クモは私たちにとって，より理解しやすい生物です。真っ二つに分断したら死にます。中央にある頭がクモの足を適切に統率しており，クモは巣網の上を縦横に思い通りの方向へと移動できます。

　ブラフマン（Brafman, O.）とベックストローム（Beckstrom, R. A.）は『ヒトデはクモよりなぜ強い』という本で，分権型組織をヒトデに，集権型組織をクモになぞらえて解説しています。また，彼らは，アメリカ大陸の先住民族であるアパッチ族を分権型組織として，それらとの戦いで勝つことができなかったスペイン軍を集権型組織として，解説しています。両者における組織的な特徴を比較して示すと，図表5－1のようになります。

【図表5－1】

集権型組織（クモ型）の特徴	分権型組織（ヒトデ型）の特徴
●責任者がいる	●責任者がいない
●本部がある	●本部がない
●頭を切ったら死ぬ	●頭を切っても死なない
●はっきりした役割分担がある	●はっきりした役割分担がない
●一部が破壊されたら全体が損害を被る	●一部の破壊では全体に損害が及ばない
●知識と権限が集中	●知識と権限が分散
●硬直した組織	●柔軟な組織
●本部が部門の資金調達をする	●各部門が独立して資金調達をする
●各部門が仲介者を通して連絡をとる	●各部門が直接連絡し合う

出所）ブラフマン&ベックストローム（2007），p.57，p.58より筆者作成

アパッチ族に首長はいません。代わりにナンタンと呼ばれる精神的・文化的な指導者がいました。ナンタンは行動で規範を示すだけで，他者に何かを強要する権限はもちません。部族メンバーは，自発的にナンタンに従うだけです。史上最も有名なナンタンのジェロニモは，軍隊の指揮をとったわけではなく，彼が独りで戦い始めると「ジェロニモは今まで間違ったことがないから，今度も，彼といっしょに戦うのがいいだろう」と従う人々が出てきます。アパッチ族の言語に「するべきだ」という言葉はないため，ジェロニモについて行きたければついて行けばいいし，行きたくなければ行かなくていい。一人ひとりに権限があるので，それぞれがやりたいようにする，という話です。

そのうえ，アパッチ族には首都も，中心的な指導者の地位もなかったため，意思決定の場はあらゆるところにありました。ある場所で誰かがスペイン人入植地への襲撃を思いつくと，別の場所で計画が立てられ，そしてまた別の土地で実行に移される，という具合でした。アパッチ族がどこから現れるか，誰にもわかりません。重要な決定が下される決まった場所がないとも言えますが，誰もがあらゆる場所で，重要な決断を下していたのです。

集権的なスペイン軍は，同じく集権的なアステカ帝国では首都の皇帝を倒すことで成功を収めました。しかし，分権的なアパッチ族を征服することはできませんでした。攻撃すればするほど，彼らは分散化しました（破壊された家屋を捨てて，遊牧生活へ）。そして神出鬼没に反撃してきました。ひとりナンタンを倒しても，次々に新しいナンタンが出現してきました。

アパッチ族のような分権型組織は，一部を破壊されても全体には損害が及ぶことがない，柔軟な組織特性を持っているといえます。

1.3　ピア・ネットワーク

実は現代社会にも，アパッチ族のような分権型組織の構造を技術的に活用した代表例が存在します。それはインターネットです。

ジョンソン（Johnson, S.）によると，インターネットを構成する通信規約のTCP/IP，Eメール通信規約のPOP・SMTP，ウェブ通信規約のHTTPなどの

一連の規格は，すべて共同で開発されたものであるため「所有者がいないとも言えたし，誰もが所有者ともいえた」（p.45）ものです。インターネットに完全支配者などは存在せず，関係者全員がそれぞれでネットワークを支配する構造です。それゆえ，彼はインターネットのことを対等な「ピア」からなるネットワークであると指摘しています。つまり，同等の権限をもつ人々から構成されているネットワークなのです。

　さらに近年注目を集めている，ブロックチェーン技術を応用した分権型組織もあると，野口悠紀雄が言っています。彼は著書において，DAO（Decentralized Autonomous Organization：分散自律型組織）を紹介しています。ピア・ネットワークに接続されたコンピュータの集まり（P２P：ピア・ツー・ピア）により運営される，このDAOには，管理者（経営者）がいません。意思決定や紛争解決は，あらかじめ定められたルールを組みこんだプロトコルにしたがって行われます。第３章で解説したように，ブロックチェーンによって記録されたデータは改ざんや不正をすることが事実上不可能です。その信用をベースにして，対等な立場で分散している組織メンバー（労働者）間の組織的な協働を実現するのです。

　また，アルバーツ（Alberts, D. S.）とヘイズ（Hayes, R. E.）は，従来の階層型組織の上位層に集中していた権限を，組織の末端（エッジ）を構成するメンバーに権限委譲した分権型組織（彼らはエッジ型組織という）が，情報化時代の競争では優位性をもっていると主張しています。組織内における情報処理とコミュニケーションの観点から，集権型組織と分権型組織の属性を比較すると，図表５－２のようになります。

　従来の工業化社会では，既知の課題に対して専門的かつ計画的に取り組むことが重要であったため，階層型組織のもとでの集権的な管理統制が効果的でした。一方，近年の情報化社会においては，めまぐるしく変化する不確実な状況下で新規の課題を発見して未知の任務行為を遂行する必要があるため，ピア・ツー・ピアの関係でエッジどうしが結ばれた分権型組織のほうが適しているとされます。

【図表 5 - 2】

比較項目	集権型組織 (階層型組織)	分権型組織 (エッジ型組織)
指揮	指示する	状況を整える
リーダーシップ	地位による	能力による
統制	指示による	属性に現れる
意思決定	組織が行う	全員が行う
情報	蓄積する	共有する
主な情報の流れ	垂直，指揮に伴う	水平，指揮からは独立
情報管理	プッシュ	発信して，必要なものを選ぶ
情報源	少人数に集中	取捨選択，市場に適合的
組織的プロセス	指示される，線形	動的，並行的
エッジの個人	強制される	権限を与えられる

出所）アルバーツ&ヘイズ（2009），p.238，図29より筆者作成

　エッジ型の分権型組織では，個々のメンバーが広範囲に情報共有できることが最大の強みです。「未知の任務行為を行う者が必要とする情報」を組織メンバーの誰かが所有していれば，その情報が組織内に退蔵されることなく，ピア・ツー・ピア関係を通してきちんと必要なメンバーに届くようにシステムが作られています。つまり，各メンバーは，情報の受信者のみならず発信者でもあり，時々刻々と変化する現場の状況に合わせて情報を自ら取捨選択して意思決定する権限を与えられています。これが，彼らのいうエッジ型組織の特長です。

2．調整の方法

　冒頭のディストピア物語で見た集権的な計画経済体制では，物財の生産計画と生産実績や実需要を一致させることが現実的に困難でした。
　企業レベルで見た場合にも，顧客ニーズはあるのに商品が作られないとき，または顧客の需要量に対して供給量が少ないとき，売り逃しが発生します。顧

客の需要量より多くの商品が作られてしまったとき，または顧客ニーズの全くない商品が作られてしまったとき，**売れ残り**が発生します。

売り逃しと売れ残りは，いずれも需給ギャップが原因で起きますから，需給量の調整が求められます。この調整には，どのような方法があるのでしょうか。

2.1　売り逃しの調整

売り逃しといっても，2種類のパターンがあります。第1は潜在顧客への売り逃しで，第2は既存顧客への売り逃しです。

潜在的に顧客ニーズはあるのに，世の中にその「片づけるべきジョブ」はあるのに，それを解決する手段になりうる商品が存在しない場合，これが第1のパターンです。この状態を潜在需要に合わせて調整する方法は，新商品の開発になるでしょう。

企業として潜在顧客ニーズに対応する新商品を開発するメリットがあるとするならば，競争相手のいない市場を独占できて，その結果として安定的な高収益を見込めるという点です。とはいえ，新しい取り組みには，一定のリスクを伴います。第4章で解説した「顧客開発モデル」や「リーン・スタートアップ手法」は，新規事業や新商品開発を進めていく際に，企業が潜在需要を見誤って経営資源をムダ遣いしてしまうリスクを低減させるために役立つでしょう。

また，大規模で複雑な製品分野で，顧客ニーズをくみ取った新製品コンセプトを創出し，それを具現化していくためには「重量級プロダクト・マネジャー」による開発組織の運営も有効でしょう。これらの手段を通して，顧客の未充足の「片づけるべきジョブ」の処理に成功すれば，企業は，新市場の立ち上げというかたちで第1の売り逃しパターンを調整できます。

他方，既存の商品は存在するものの何らかの原因から供給量が過少になっている場合，これが第2のパターンです。この状態を需要量に合わせて調整する方法は，供給量を増加させる追加生産が考えられます。しかし，何らかの原因の内容によって，追加生産の可否判断が企業で変わります。

そもそも過少供給で需要が大きいならば，「売り手市場」ですから，企業は

商品を顧客に高価格で販売できます。あえて低価格化を招くような生産量の増加をめざす積極的な理由は企業にありませんから,「意図的な」売り逃しが続くでしょう。

　一方で,企業としては販売量を伸ばして売上高を拡大させたいけれども,追加生産で使用する経営資源（原料・労働力・設備・資金など）の供給が不足しているために,結果的に自社商品の増産が困難だという場合もあります。売り逃しを解消したい意図を企業はもつが,環境条件がそれを許さない事例です。

　しかしながら,上記の2つの原因は,どちらも市場の**価格メカニズム**によって長期的には調整可能です。端的に言えば,儲かる商売はみんながやりたがるからです。高価格販売・高収益の事業があれば,その事業に新規参入する企業が出てきます。続々と参入企業が増え,結果的に総生産量が増えます。あるいは,他企業に同事業を始められたくないと考える既存企業は,自ら生産規模を拡大させます。こうして供給が増えれば,価格も下落して需要も満たされます。

　価格メカニズムによる需給調整は,企業による意図的な売り逃しを解消するために作用するのは当然のこと,また,経営資源の供給不足の解消にも作用します。売上の良い原料市場には原料供給者が集まるし,給料の良い職には労働者が集まるし,成長市場には資金が集まるからです。このとき,それぞれの行為主体は,世の中すべての情報を知ったうえで動くわけではありません。価格情報だけに導かれて意思決定をすることも可能です。

　ハイエクは「価格メカニズムは情報伝達のための機構だ」と言います。彼は,価格メカニズムによって市場への参加者たちが的確な行為をするうえで知る必要のある知識を節約できていると指摘します。つまり,個々に自立した各行為者たちが,眼前の価格情報だけから「買う／買わない」「売る／売らない」と主体的な判断を積み重ねていく中に市場全体の調和が生まれるといいます。第2の売り逃しパターンは,主に価格メカニズムによって調整されるのです。

2.2　売れ残りの調整

　売れ残りにも,2種類のパターンがあります。第1は,企業が顧客ニーズの

全くない商品を作ってしまった場合です。第2は，一定数の顧客はいるものの，その顧客数より過剰に商品を作ってしまった場合です。

　第1のパターンは，顧客が欲しいと思わないもの，つまり使用価値のない商品を企業が誤って開発することを防げれば，売れ残りの問題を解決できます。第4章で解説した「ステージ・ゲート方式」や「バリュー・ストリーム」の考え方を自社の商品開発プロセスに取り入れて，常に「顧客の受容可能性」を意識した新商品開発を行うことが，この場合に有効です。

　また，既存商品であっても，欠陥品や低品質品は商品としての使用価値をもちません。当然，顧客がそれらを受け取らないため，売れ残ります。このようなことを防ぐために，逆行監理（Backward Policing）という方法があります。これは，既存商品の生産ラインにおいて，後工程の受取手が，前工程の産出物を品質的に十分に満足いくものかどうかを評価し，欠陥があれば受け取りを拒否することを通じて，前工程の作業品質を統制するという考え方です。コールマン（Coleman, J. M.）は，この逆行監理の特徴を，集権的な品質管理の統制方法と異なる，分権的な統制方法として紹介しています。しかし，逆行監理は，前の章で解説した「自工程完結」と全く反対の考え方です。自工程で完結させずに，次工程の管理に依存するからです。他方，自工程完結では，あらかじめ次工程の「顧客」のことを考えて欠陥ゼロをめざします。

　これに関してジョンソン（Johnson, H. T.）とキャプラン（Kaplan, R. S.）は，自動車メーカーが部品メーカーから調達するときに，かつては全量を受入品検査していたが，部品メーカーがゼロ欠陥目標を達成できることがわかってからは，その企業の品質管理能力を認定するだけですべての受入品検査をやめたという，事例を著書の中で紹介しています。このように自工程完結においては，当該工程の担い手（現場の作業者／現場の製造業者）に品質管理の権限が与えられています。つまり，自工程完結もまた，権限を付与する主体は逆行監理と異なりますが，分権的な組織統制を想定しているのです。

　次に，需要数量を超える商品を作ってしまうことから発生する，第2の売れ残りパターンについて見ましょう。売れ残りは在庫になりますから，在庫の解

消が課題になります。第4章で解説した受注製造直販の「ダイレクト・モデル」ならば，需要が顕在化したときに，即座に反応して製造・納品できるため，ムダな在庫が発生しません。

　また，売れ残りは「作りすぎのムダ」の典型例です。商品の生産プロセスにおけるムダを回避するためには，やはり第4章で解説した「ジャスト・イン・タイム」の考え方が役立ちます。「必要なときに必要なだけ」作れば，在庫はなくなります。この方法では「かんばん」が情報伝達の役目を負います。集権的な生産管理ではなく，製造の現場で時々刻々と発生するリアルな生産の必要性を，現場の作業者が「かんばん」の情報を読み解くことで生産の意思決定がなされます。第2の売れ残りパターンは，分権的な生産方式によって調整できるといえます。

2.3　集権的／分権的な調整と顧客知識

　売り逃しと売れ残りに関する調整方法をまとめると，図表5－3のように整理できます。売り逃しの調整では，集権的な調整が企業によって利用されている一方で，売れ残りの調整では，分権的な調整が利用されているといえます。

　売り逃しの調整では，顧客ニーズに対応する新規商品の開発が重要課題です。しかし，企業は「顧客の使用価値に関する知識」（顧客知識）をもち得ません。企業は，企画する商品のバリュー・プロポジションを顧客（潜在顧客）に投げかけて，顧客の反応から，その「顧客知識」を推測・学習します。この一連の動作が，図表5－3の上段3つの調整手段において，開発組織内で集権的に実行されます。

　また，新規商品が生み出されるまでは集権的な調整がなされますが，それの市場投入後に市場需要が大きいことが判明した場合は，過小供給状態の解消が売り逃しの調整手段（図表4段目）になります。市場の価格シグナルを介して，企業は潜在的な顧客ニーズの強さを間接的に知ることができます。つまり，供給を上回る多数の顧客需要を獲得して高価格で販売されるような商品は，そのバリュー・プロポジションに成功していると解釈できます。こうした市場価格

第5章　偏在する知識の遍在性　**107**

【図表5－3】

調整手段	適用対象	目的	意思決定主体	情報伝達
顧客開発モデル	売り逃し	潜在的な顧客とニーズの探索	起業家／開発者 ＞集権的な調整＜	片づけるべきジョブ
リーン・スタートアップ手法	売り逃し	顧客受容可能性の探索と確保	起業家／開発者 ＞集権的な調整＜	MVPへの顧客評価
重量級プロダクト・マネジャー	売り逃し	新製品コンセプトの創出・具現化	プロダクト・マネジャー ＞集権的な調整＜	統合的コミュニケーション
新規参入（供給量の増加）	売り逃し	既存市場の利益機会の追求	独立的な企業主体 ＞市場メカニズム＜	価格シグナル（高価格）
ステージ・ゲート方式	売れ残り	顧客受容可能性の向上・確実化	各段階のゲートキーパー ＞分権的な調整＜	顧客フィードバック
バリュー・ストリーム	売れ残り	顧客の使用価値の実現	一連の各工程／各部門 ＞分権的な調整＜	顧客の受容
逆行監理	売れ残り	欠陥品・低品質品の排除	次工程（受取手） ＞分権的な調整＜	顧客の受容拒否
自工程完結	売れ残り	全社的品質管理／企業能力認定	当該工程の担当者／担当企業 ＞分権的な調整＜	「次工程はお客様」意識
ジャスト・イン・タイム	売れ残り	在庫・ムダの削減	現場担当者 ＞分権的な調整＜	かんばん（引取／仕掛け）
ダイレクト・モデル	売れ残り	在庫ゼロ（受注製造直販：BTO）	顧客（商品ユーザー） ＞市場的な調整＜	受注情報

出所）筆者作成

の評価を通して，企業は間接的に「顧客知識」を深めていきます。

　他方で，売れ残りの調整では，市場にすでに投入されている商品の不良在庫化の回避が重要課題です。究極的には，受注製造販売（図表最下段）の方式をとれば，最終商品の在庫ゼロが実現できます。ただし，受注がすべての起点ですから，受注がゼロでも在庫ゼロは達成可能です。この方式をとる企業は，最終顧客との直接的な接触（取引関係）から「顧客知識」を蓄積し，常に魅力的なバリュー・プロポジションをできるような受注能力に磨きをかけることが大切です。

　さらに，売れ残りの調整において重要なのは，開発プロセスや生産プロセス

の各段階・各工程に潜むムダを取り除くことです。不必要な活動は，結果的に誰も受取手のいない中間財ひいては最終製品を生み出します。ムダな要素は，プロセスの終わりになればなるほど，肥大化して修正が困難になりますから，ムダが発生したら初期のうちに，その場で改修すべきです。

図表5－3の5～9段目の各手法は，分権的な調整の仕組みを活用して，ムダの発生した現場または直後で軌道修正を図れるようにしています。このような分権的な調整では，「次工程はお客様」の標語に象徴されるように，市場の最終顧客ではなく，企業内顧客の「顧客知識」への理解が要求されます。各現場・各工程の担当者たちが，企業内の「身近な顧客」の使用価値を次々と実現させていけば，その先の社外の最終顧客の使用価値も実現されて，売れ残りも減るでしょう。

2.4　プラットフォームを介した調整

近年，インターネット上の**プラットフォーム**を通して，個人（ユーザー）どうしが，モノやスペース，サービスなどを共有する経済活動として**シェアリング・エコノミー**が注目されています。たとえば，フリマアプリのメルカリ，民泊のAirbnb，配車サービスのUberなどが代表例として挙げられます。

これらのプラットフォームにおいては，余剰なリソース（有形・無形な資源）を保有しているけれども自身では明確な使用目的をもたない人たちが，モノ／サービスの提供者になります。逆に，リソースはないけれども個人的に明確な使用目的があり，リソースに対して使用価値を認めている人たちが，モノ／サービスの消費者になります。つまり，使用目的に関する「顧客知識」がないけれどたまたまリソースをもつ人々と，「顧客知識」を自ら明確にもっているがそれを具現化させるためのリソースをもたない人々を，プラットフォームが仲介して出会わせています。

こうして社会的に埋もれていた（特定の個人に占有されていた）遊休リソースに有効活用の機会が開かれ，使用目的をもつ人々に共有（または再販）されることで，経済活動がより活性化されていくのがシェアリング・エコノミーの

利点です。

また，プラットフォームは，モノ／サービスの提供者とその消費者が安全かつ効率よく取引を行えるように，取引に関するルールや仕組み（インフラ）を厳格に設定して彼らの遵守を促します。この点に関しては，プラットフォーム運営企業による集権的な調整がなされているといえます。

しかし，あらゆるプラットフォームで採用されているユーザーの評価制度は，ピア・ツー・ピア関係として構築されています。モノ／サービスの提供者の信用度は取引相手の消費者により評価される一方で，同時に，モノ／サービスの消費者の信用度もまた提供者によって評価されます。直接的に取引を経験した当事者たちによる現場の知識が「評価」で活かされます。その意味において，プラットフォーム上では分権的な調整がなされているともいえるでしょう。

2.5　アテンションの配分

先に紹介したエッジ型組織やプラットフォームなどのピア・ネットワークの中では，参加メンバーが「対等な立場」で情報を共有して分権的な調整に関与しています。しかし，これは別の見方をすると，意思決定に関して自分自身と他者との間の差異や格差が生まれにくい状況だともいえるでしょう。

それゆえ，ピア・ネットワークでは他者からの「注目」や「評判」を数多く集めることが1つの重要課題となり得ます。注目は，他者から関心をもたれる機会を増やします。評判は，過去に好ましい振る舞いをした記録として信用力を育てます。たとえば，ウェブ上のプラットフォームで近年よく利用されている指標の「アクセス数，お気に入り登録数，フォロワー数，"いいね！"数」などが，注目度合いや評判の高さを表します。これらの数値が高ければ高いほど，その参加者のピア・ネットワーク内での影響力も大きいといえます。理論上は，すべての参加者は対等に情報を受発信して分権的に意思決定ができるはずですが，注目や評判を集めている人の意見や意思決定が，他者から尊重（または信用）されやすくなるという事実は否めません。

パー（Parr, B.）は『アテンション』という本で，人々の注目を引き起こす

110

【図表 5 － 4 】

1. 自動トリガー：色やシンボルや音などの感覚的刺激を与え，無意識的な反応を引き起こして注目させる
2. フレーミング・トリガー：相手の世界観に従うか，それを覆すことで注目させる（判断基準に適応する／判断基準を変化させる）
3. 破壊トリガー：人々の期待をあえて裏切り，注目点を変化させる
4. 報酬トリガー：内的・外的な報酬でモチベーションと注目を高める
5. 評判トリガー：専門家・権威者・大衆の評価を用いて信頼性を高めて注目を集める
6. ミステリー・トリガー：謎や不確実性やサスペンスを作り出して注目と関心をつなぎ止める
7. 承認トリガー：相手を承認したり，相手に理解を示すことで，深い結びつきを育てる（人は自らを認めてくれる人に注目するため）

出所）パー（2016），pp.16-17より筆者作成

トリガーには 7 種類あると紹介しています。

　図表 5 － 4 に示す，これらのトリガーを活用すれば，情報の受発信が過剰で刺激だらけの世界の中にあっても，周囲の人々を自らに振り向かせて注目を勝ち得ることができると，彼は指摘しています。

　かつてサイモン（Simon, H. A.）は，『経営行動』という著名な本において「われわれは今，情報が豊富な世界にいる…中略…情報の絶え間ない流れのなかで人間が情報に注意する時間が不足している…中略…組織におけるコミュニケーション・システムのデザインにおける主要な要件は，情報の不足をなくすことではなく，供給過剰と戦うことである」（p.32）と喝破しました。

　彼の言うように，人間の「注意（アテンション）」という資源は稀少になってきています。企業は，人々のアテンションをムダ遣いしてしまうならば，非効率で高コストな体質になってしまいます。人々のアテンションをどのように配分するか，この問題意識に基づいて企業は，組織構造を考える必要があります。

　図表 5 － 5 は，人間のもつ「注意」資源を組織的な分業によって配分したときの効果を，仮想例で示しています。

第5章　偏在する知識の遍在性　**111**

【図表5－5】

自営業1人（社長がすべての仕事をこなす）	事業経営企画	1時間	1労働日当たり1時間分の事業成果	1．人間のもつ「注意」という資源は稀少であり，これを事業活動のなかでどのように配分するかが，重要な課題となる 2．専門職に分業すると「注意」が焦点化され，他のことに関わらなくてすむ 3．同一の労働時間のなかで，より多くの事業成果をあげる可能性がある
	技術研究／開発	1時間		
	調達／購買	1時間		
	製造／生産	1時間		
	販売／マーケティング	1時間		
	アフターサービス	1時間		
	会計／財務	1時間		
	庶務／総務	1時間		

経営者1人7人雇用（各専門職に分業）	事業経営企画／管理	8時間	1労働日当たり8時間分の事業成果
	技術研究／開発	8時間	
	調達／購買	8時間	
	製造／生産	8時間	
	販売／マーケティング	8時間	
	アフターサービス	8時間	
	会計／財務	8時間	
	庶務／総務	8時間	

出所）筆者作成

　図の上段は，ひとりで自営業を営み，社長自らすべての業務をこなすときの「注意」の各業務への配分状況です。ひとりの人間が8つの必要業務に各1時間ずつ「注意」を振り向けて取り組む結果，1労働日（8時間労働）当たりでは，会社として1時間分の事業成果しか生まれません。他方で下段の場合は，社長が経営企画／経営管理の業務に特化して，残り7つの業務はそれぞれを専門的な従業員に任せます。この分業により，社長を含めた8人は，各人の「注意」を1つの業務だけに対して振り向けることができます。その結果，1労働日当たり8時間分の事業成果が生まれます。もちろん，人を雇用すれば賃金の支払いが発生しますし，人々に対する調整や管理のコストも必要になります。しかし，「注意」資源を人々が適切に配分できるような組織的な仕組みを整えることができれば，コストを大きく上回る成果を得られるのです。

　サイモンは「システム全体は稀少な資源である注意能力を節約するように構

成されなければならない」(p.373) とも述べています。常に高出力で「注意」をものごとに振り向けておくことは非効率です。そこで役立つのが，注目すべき時を知らせるような「シグナル」や，重視すべき点へと注目を向けさせる「正しい手がかり」です。

たとえば，ジャスト・イン・タイム手法で使われる「かんばん」，逆行監理における「顧客の受容拒否」などは，生産プロセスにおける「シグナル」です。自工程完結における「次工程はお客様意識」やバリュー・ストリームにおける「顧客の受容フィードバック」，あるいはウェブ・プラットフォームで使われる「フォロワー数」などの指標は，意思決定時に注目すべき「正しい手がかり」です。

人々は，「シグナル」や「正しい手がかり」に選択的注意を向けることで，ともすれば大量の情報に右往左往しがちな分権的な調整プロセスの中にあっても，稀少資源である「注意（アテンション）」を適切に配分できるといえます。

3．プロセス重視の組織

3.1　専門化の限界点

ドラッカー（Drucker, P.F.）は『ポスト資本主義社会』という本で，新しい社会は専門知識を備えた専門家（知識労働者）によって構成されるといいます。彼はまた，共通の目的のために働く専門能力をもつ者からなる人間集団が組織だと指摘したうえで，「組織は道具である。他のあらゆる道具と同じように，組織もまた専門化することによって，自らの目的遂行能力を高める。しかも，組織は限定された知識をもつ専門家によって構成される」(p.72) と述べています。

人間のもつ稀少な「注意」資源を，特定の限られた領域の「専門知識」の習得と利用へと振り向けることから，彼の言う専門家が誕生します。たとえば，エンジニアやマーケターやアカウンタントです。しかし，これらの専門家は限

定的な知識しかもたないので自己完結的な存在ではありません。アカウンタントは，エンジニアが開発した商品をマーケターが販売して得た資金を管理します。マーケターは，アカウンタントの用立てた資金を使ってエンジニアが開発した商品がなければ売り物がありません。このように各専門家は，相互依存しているため，組織として協働関係を構成する必要があるのです。

　しかしながら，専門性を追求することが専門家の習い性です。彼らは自身のタスクや職務に対してアテンションを誠実に配分しますし，互いに理解し合える仲間同士の結束を固めます。しだいに企業内に職能別の部門として「開発部門」「生産部門」「営業部門」「財務部門」などが確立します。

　この傾向に対して，ドラッカーは『*The Practice of Management*』という別の本の中で，組織の構造を職能部門として安易に設定するのは誤りだと指摘します。確かに製造業ならば，開発・生産・マーケティング・財務などの機能は必要でありますが，それらの機能を教科書的な典型的「部門」という入れ物に振り分ける必然性はありません。重要なのは「活動の分析」だと彼は言います。

　組織は，事業の成果を生み出すように構造化されなければなりません。企業の置かれた状況は，一つひとつ異なります。だから，テンプレートにしたがって職能部門を設置するのではなく，その事業が最も成果を生み出せるように，各専門家たちの活動（activities）を慎重に分析して組み合わせていくべきだと，彼は主張しているのです。

　同様の観点からハマー（Hammer, M.）は，チャンピー（Champy, J.）との共著でリエンジニアリングという考え方を提唱しています。それは，企業の業績を劇的に向上させるための，ビジネス・プロセスの根本的な見直しと徹底的な再設計であるとされます。「アダム・スミスによる概念（ばかげた考え）の影響のもとで，現代の企業と経営者たちは，プロセスのなかの個別タスクに集中している。プロセス内の個別タスクは重要であるが，しかし全体プロセスがきちんと作動しなければ，すなわちプロセスが商品（グッズ）を産出しなければ，それらは顧客にとって微塵も意味を持つ問題とはならない」（p.38）と，彼らは言います。

3.2 顧客志向の「プロセス中心型組織」

　以上のドラッカーやハマーたちの指摘を踏まえると，企業がその産出物に対する「顧客の受容」獲得に向けて，社内外の諸「活動」を編成していくという「プロセス」の重要性が浮き彫りになります。そうであるならば，伝統的な企業の組織構造のもとで想定されていた「営業」「開発」「生産」などの職能部門単位で事業活動を無理やり区切る見方は，賢明とはいえないでしょう。

　この点に関して，ハマーは『カスタマーエコノミー革命』という本で，「顧客は企業に関心をもっていないばかりか，製品／サービスに対する関心も似たようなものである。企業側から見れば，企業と製品を中心に世界は回っているのだろうが，顧客の世界では企業も製品も脇役にすぎない。顧客が留意するのは自分自身である。顧客の側からすれば，企業は顧客の生活や取引を向上させるためだけに存在している」（p.52）と指摘し，顧客を中心に据えて，彼らのニーズ（片づけるべきジョブ）に対応できる「プロセス」を企業組織の設計単位にすべきだと述べます。彼のいう「プロセス」とは，定義的な表現をすれば，1つあるいは多種類のインプットを用いて顧客に対して価値を有するアウトプットを創出する，そういう諸活動の集積のことです。つまり，「企業が顧客に提供する成果を創造する作業のこと」であり，「関連する作業を組織的にグループ化したもので，まとまって作用し，顧客に成果を提供する」ものだといいます。

　そもそも顧客にとって，企業の組織構造への関心は希薄で，その「プロセス」から生み出されるソリューションが興味の対象です。それゆえ企業は，顧客にとって使用価値をもつ製品やサービスを産出できるように「プロセス」を適切に設計できなければ，「顧客の受容可能性」の獲得が難しくなるでしょう。

　しかし，企業が「プロセス」を重視して諸活動を組み立てるうえで，障害があるとハマーは言います。一般に，組織の構造は見えやすく，容易に組織図に書き起こせますが，「プロセス」は見えにくくなっているからです。組織部門には名前がつけられていますが，「プロセス」にはたいてい名前がありません。

【図表 5 − 6】

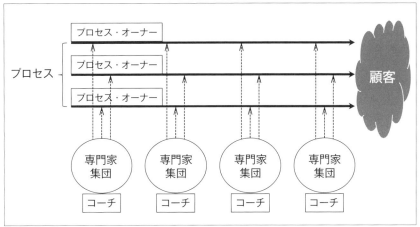

出所) Hammer (1996), p.126, Fg.3 より筆者作成

　このようにハマーは，本来「すべての部門の活動はすべてのプロセスの中に含まれている」はずなのに，組織図に象徴される部門化によって，すべての「プロセス」が断片化されてしまって目に見えづらくなっていると，問題を指摘します。これを克服するために，まず企業は，組織図の代わりに，社内の仕事の流れを図表化した「プロセス・マップ」を作成すべきだと，彼は提案します。

　その一例として，ハマーは『Beyond Reengineering』という本で図表 5 − 6 のような**プロセス中心型組織**の図を例示しています。

　図表 5 − 6 では，明確な顧客ニーズに対して，その実現に向けて「プロセス」が企業の中心におかれます（ハマーが言うには，企業はその「プロセス」を認識して名前をつけなければなりません）。企業が提供する製品／サービスは，「プロセス」を通じて創られます。「顧客の受容可能性」をもつ産出物を創るために，「プロセス」は顧客志向で設計されなければなりません。

　当然，事業の成果は，「優れたプロセス・デザイン」と「適切な人々」をもつことで達成されます。

ハマーの考えによると，「プロセス」を担うのは，タスク・ワーカーではなく，プロフェッショナルな志向をもつ**プロセス・パフォーマー**（タスクをこなすことよりも結果を達成することに責任をもつ人物）です。彼ら，プロセス・パフォーマーたちは，各々の「専門家集団」に所属し，その「専門家集団」の**コーチ**によって専門的な分野の能力開発や知識・スキル維持を図られます。そのうえで，特定のミニ・ビジネスを経営している企業家のような立場の**プロセス・オーナー**のもとに，彼らは派遣されるのです。

ここでのプロセス・オーナーは，ボス（部門管理者）というよりも，プロセス・パフォーマーたちの連結者でありファシリテーターでありイネーブラーとしての役割を果たします。彼らは，プロセス・パフォーマーたちが「プロセス」周辺の雑事に煩わされないように取りはからいます。顧客の「受容」する使用価値をもつ産出物が，確実に生み出されるように「プロセス」を編成するのが，プロセス・オーナーの仕事になります。

● **プロセス中心型組織として見た観光サービス業の例**

国内各地に観光地があります。ある観光地での事業振興を想定して，「プロセス中心型組織」の考え方を適用してみましょう。

まず，顧客は，当地を観光で訪れる人々であり，明確です。一般に観光客の「片づけるべきジョブ」は，「①観光地まで行く」「②観光地で楽しむ」「③観光地の思い出を持ち帰る」などが想定できます。仮に，①をアクセス・プロセス，②をステイ・プロセス，③をメモリー・プロセスと名付けます。各プロセスには，それぞれ特異な観光客のジョブがあります。各プロセス・オーナーは，それぞれのジョブを的確に片づけられるようなプロセスを設計して運営します。

たとえば，アクセス・プロセスでは，広告やPRの専門家を関与させて観光客の注目を集め，また，交通機関と協力して観光客の移動を容易にするなど，観光客が，現地に到着するまでの全プロセスのジョブを片づけます。ステイ・プロセスでは，観光の目玉を専門家の関与によって大切に維持管理・発展させ，また，観光客が滞在時に不可欠な宿泊や食事などのジョブを「おもてなし」で

楽しみに変換します。最後のメモリー・プロセスでは，観光客が帰宅後に直面するジョブを想定して，ご当地名物の土産物を専門家とともに企画開発したり，また，観光客が現地未経験の人々につい伝えたくなるような「写真スポット」や「エピソード」など拡散可能なコンテンツを準備します。

このように「プロセス中心型組織」として，地方の観光振興事業を捉えなおすと，「マーケティング部門」「交通部門」「企画開発部門」「宿泊部門」など部門別に観光客に対応することは非効率に思われます。それぞれの専門家たちを「プロセス」を軸に結集させて，相互作用できるような事業システムを構成すべきです。現実に顧客が「受容」してくれる観光地を創造するためには，「プロセス」を中心に組織設計する発想が適しているといえるでしょう。

4．本章のまとめ

ハイエクは『隷従への道』という本で，全体主義的な計画経済体制の思考的な特徴を「あらゆる活動は社会的な目的によってのみ正当化されるのであり，無目的，無計画の活動はあってはならない。そのような活動は予測不能の結果を引き起こしかねず，そうなれば計画当局は対応できないからである。計画論者の思考では想像もつかないような新奇なことが起きては困る，というわけだ」(p.392) と解説しました。

確かに，国民の一人ひとりの好みや思考方法そして保有する知識が完全に公開されていて計画当局が把握できれば，彼ら一人ひとりのニーズや選好そして次に選択する行動を正確に予測して，先回りして的確な経済計画を立案して，過不足のない資源配分と財の生産管理ができるでしょう。全体主義国家では，この理想状態の実現のために個人の側に働きかけて，全人民の思想・嗜好・知識・行動を強制的に透明化させて国家が把握しやすくし，あらかじめ国家が用意した思考基準の型へと人々を成形します。正確に予測できるように，予測能力を高めるのではなく，人々の思考や行動を枠づけることで確実な結果を得るという本末転倒な話が，そこにはあります。当然，そのような人権無視は，自

由経済体制では認められません。

　私たちの住む世界は，未来が予測困難です。それは，各個人のもつ思想・嗜好・知識が異なるうえに他者からは不可視であるため，その行動と目的が他者から見た場合には不明瞭であるからです。さらに，人間の行為によって環境が変化さえしていく状況下は，高い不確実性があって当然なのです。

　しかし，ハイエクは，個人のもつ知識の不可視性や局地的偏在という現実を肯定的に捉えて，それぞれの現場の状況に「通じている」個人の強みを活かそうと考えます。「現場の人間」が意思決定の主役になる分権的な構造を採用することで，社会に分散している多種多様な知識の有効利用をめざすのです。

　本章では，分権型組織の構造特性を集権型のそれと対比するかたちで解説しました。ヒトデやアパッチ族のように，たとえ一部を破壊されても全体には損害が及ぶことがない，柔軟な組織特性を分権型組織はもつという点を見ました。それは，知識と権限が分散して組織メンバーたちに保有されているからでした。また，情報処理的な側面から見たとき，分散型組織はP2P関係からなるピア・ネットワークであるという点を確認しました。組織内の個々のメンバーは，基本的に同等な立場を有して受信も発信も行うことで，組織全体で有用な知識を埋没させることなく共有できる点が，分権型組織の利点でした。

　次に本章では，需給ギャップが原因で発生する，売り逃しと売れ残りのための調整方法について見ました。そもそも企業は，顧客の使用価値に関する知識（顧客知識）をもち得ません。顧客の嗜好や思考は，透明化・可視化されていないからです。顧客が新商品に期待する事柄を企業が知るためには，バリュー・プロポジションを顧客（潜在顧客）に投げかけながら反応をくみ取るしかありません。それゆえ，売り逃しを調整するための新商品開発プロセスにおいては，開発組織内で集権的に顧客知識を推測・学習していく方法が採られていました。

　一方，売れ残りの調整においては，在庫を削減したり，生産プロセスでのムダを省くことが求められていました。生産組織内では，「次工程はお客様」意識による企業内顧客への分権的な対応が見られました。とくにジャスト・イン・タイム方式において「かんばん」をシグナルとして利用することで，リア

ルな現場情報に基づいた分権的な生産管理の試みが行われていました。

　さらに本章では，ピア・ネットワークにおける対等な組織メンバー間にあっても，「注目」や「評判」が影響力をもつと指摘して，人々のアテンションを引き出す7つのトリガーを紹介しました。また，人間のアテンション（注意能力）という資源が稀少であるというサイモンの視点を紹介し，この稀少資源を有効に配分できる分業構造の設計が，企業の事業成果に影響することを確認しました。しかしながら，専門化・専門的知識を過度に追求するようなアテンションの配分を組織的にしてしまう傾向があるという問題点も取り上げました。

　最後に本章では，専門性を基軸として職能部門別に組織構造を設計するのではなく，顧客起点で社内外の諸活動を編成した「プロセス」を単位とする組織設計について解説しました。ハマーの「プロセス中心型組織」です。この発想を取り入れて，企業の事業活動を「見える化」できれば，通常は認知しにくく名前が付与されることもないけれども社内で実際に執り行われている「プロセス」を明示的に意識できるはずです。顧客の「受容」をめぐって，関連する多様な専門家（プロセス・パフォーマー）を結集させた「プロセス」は，ある意味でP2P関係からなる分権的なプラットフォームとも見なせるでしょう。

　「顧客の受容可能性」を起点に，デマンド・サイドからサプライ・サイドの上流へとさかのぼって連なる「産出物の流動性」を実現できる「プロセス」をデザインすることが，企業の組織設計の将来的な課題になると思われます。

第6章 人々の活動を導くもの

1. 自主管理型組織

1.1 自分で作るマニュアル

　シンプルに仕事ができる仕組みがあれば，ムダな作業がなくなります。情報を共有する仕組みがあれば，仕事にスピードが生まれます。経験と勘を蓄積する仕組みがあれば，人材を流動的に活用できます。残業が許されない仕組みがあれば，自然と生産性が上がります。このような発想から『無印良品は，仕組みが9割』と言われるほどに，仕組みづくりを徹底して経営改善してきたと，良品計画の経営トップを長年にわたって務めた松井忠三は述べています。

　無印良品では，仕事のマネジメント・ツールとして**マニュアル**を重視します。「マニュアル人間」という表現は，決められたことだけをする受動的な能力しかもたない人というようなマイナス・イメージでよく使われます。しかし，無印良品のマニュアルは，従業員の行動を制限するためのものではないそうです。むしろ，「マニュアルをつくり上げるプロセスが重要で，全社員・全スタッフで問題点を見つけて改善していく姿勢を持ってもらうのが目的」（p.70）だと，松井は言います。第5章で紹介したハイエクの考えと同様に，「現場の問題点を知っているのは，やはり現場の人間」ですから「マニュアルは，それを使う人が，つくるべき」という考えを，彼もまた示しています。

　実際，無印良品では，特定の部署だけがマニュアル作成に従事するのではなく，すべての部署が参加して，現場で働く人たちが感じた問題点を改善する知恵の集積としてマニュアルが作成されます。また人々が，日常的に改善点を探

しながら働く意識をもつことで，仕事の進め方が日々ブラッシュ・アップされます。その結果，「マニュアルは毎月，更新されていく」そうです。

「常に成長し続けないと，あっという間に衰退するのが，企業という生き物です。"現状維持"はありえません。反対に，マニュアルが更新され続ける限り，成長は止まりません。仕事のマニュアルは，成長を図るバロメーターでもあるのです」（p.25）と，彼は述べています。

この例のように，仕事の進め方や経営の仕組みについて，経営陣ではなく，現場の人たちが中心になって自主的にそれらを作り上げていくという組織は，**自主管理型組織**と呼ばれています。

1.2　立憲主義的な経営組織

近年，様々な自主管理型組織の形態が提案されて実践されていますが，その一例として，ロバートソン（Robertson, B. J.）の**ホラクラシー**を紹介します。

ロバートソンは「人間に与えられた素晴らしい才能のなかでも，今この瞬間に不協和を感知し，変革の余地があることを見通す能力に，私は特に感動を覚える」（p.16）と著書の冒頭で述べています。たとえば，企業組織内で繰り返される誤りや非効率で煩雑なプロセスなどに不満を感知するとき，私たちは「現状とより良い状態との間のギャップ」を捉えていると考えられます。彼は，この状態を「**ひずみ**」と呼びます。そして「ひずみ」を解消するためには，個人個人が，自分の領域や仕事の範囲内で，問題に「局所的に」対処する権限を与えられる必要があり，各個人に権限を与えるシステムが必要になります。それがホラクラシーであると，彼は言います。

さらに彼は，「市民であるあなたは，自主的に活動するために，善意ある独裁者に"権限を与えてもらう"必要はない。そもそも，あなたを取り巻く社会の枠組み自体が，他人があなたに権力を振りかざさない仕組みになっている。これがホラクラシーの核心にある逆転の発想だ」（p.41）と述べて，独裁国家風の権力構造をもつ企業組織ではなく，私たちが日常的になじんでいるはずの市民社会風のガバナンス構造をもつ企業組織を構想します。

1.2.1 仕事の体系化

事実，ホラクラシーでは明確なガバナンス・プロセスを実現させるために，「ホラクラシー憲法」（章末付録を参照）を組織メンバーが採択することで「法の支配」に基づく組織運営をめざします。ホラクラシーの考えでは，独裁者ではなく合法的なプロセスに組織の権力が置かれます。つまり，権力を人ではなくプロセス（処理手続き）にもたせるのです。それゆえ，権限は「個人へ」配分されるのではなく，個人が担う「役割へ」と権限が配分されます。

まず，企業がその目的を追求するうえで必要な，各種の役割を設定します。その役割には，仕事を実行し，目標を達成する権限が与えられ，担当者が割り当てられます。また，役割に伴う責任が大きくなりすぎて，ひとりでは担えなくなった場合は，その役割を分解して複数人で担当するサークルが作られます。

図表6-1は，一般的な製造企業にホラクラシーを適用した仮想例を示しています。各種の役割が黒い小丸です。営業や製造などの専門的な領域ごとに，

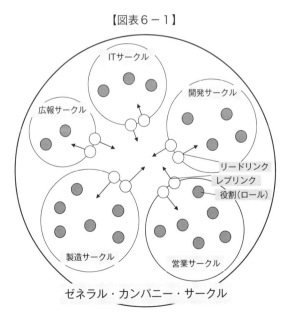

【図表6-1】

出所）筆者作成

役割がまとめられてサークルを形成しています。この図では，簡略的に5つのサブ・サークルを描きましたが，大企業で人数が多い場合は，より具体的な役割内容に応じて，数百のサブ・サークルが形成されます。そして一番外側に，すべてのサブ・サークルを包含するゼネラル・カンパニー・サークルが，企業境界として置かれ，全社的な経営理念と目的を全成員に明示します。

企業がホラクラシーを導入するのは「仕事を体系化する」ためであり，「人を組織する」ためではありません。だからホラクラシーには，管理職や上司に相当する人物はいません。代わりに，各種の役割に対して情報を伝達するため，**リードリンクとレプリンク**という役割を担う人を置きます。

前者は，組織全体の中でそのサブ・サークルの役割が目的達成に向けて効果的に機能するようにサークル外からの情報を取捨選択して伝達し，サークル内の各役割に仕事を配分します。後者は，サブ・サークルのメンバーから選出され，そのサークルを代表して全社（他サークル）に現場の情報や要望をフィードバックしたり，組織内の他サークルとの間に生じた「ひずみ」の解消に取り組みます。

1.2.2　法治によるガバナンス

組織内で感知された「ひずみ」の解消が，ホラクラシーの最大課題です。それを効果的に実施する手法として採用されるのが，**ガバナンス・ミーティング**です。リードリンクやレプリンクなどのコア・サークル・メンバーたちが，ガバナンス・ミーティングに参加します。

ホラクラシー憲法には，ガバナンス・ミーティングの進行手続きが規定されています。ミーティングの司会役を務める**ファシリテーター**という役割があり，その担当者が進行手続きを厳格に遵守して，「ひずみ」解消プロセスを進めます。

たとえば，事業環境の変化や新しい事業機会に対応するため，役割の新設や修正あるいは廃止をする必要性を感じている人は，「提案者」としてミーティングに議題を提示できます。会議では，組織に関わる問題が順に取り上げられ，憲法に規定されている次のプロセスに則って採決に至ります。

① **提案の発表**：提案者は問題と解決策について説明する。

② **問題点の明確化**：追加情報と理解を深めるために参加者が自由に質問して，問題点を整理する。この段階はまだ他者が反応するときではなく，ファシリテーターは提案への反応を匂わすような質問をやめさせる。

③ **反応ラウンド**：参加者は誰もが，提案に対して自分の意見を述べる機会が与えられる。この段階では，討論や意見交換は許されない。

④ **修正と明確化**：提案者は提案内容をさらに詳しく説明するか，それまでの意見交換に基づいて修正できる。

⑤ **異議申し立てラウンド**：ファシリテーターが「この提案を採用すると私たち（組織）にとってマイナスになる，あるいは私たち（組織）の歩みを後退させる原因はありますか？」と尋ねる。反対意見が表明されて記録されるが討論は行われない。反対者がいない場合には提案は採用される。

⑥ **統合ラウンド**：反対意見が出ると，ファシリテーターは自由な議論を通じて提案者の懸念にも配慮しながら，なるべく反対がなくなるような修正案をつくる方向に議論を導く。複数の反対意見が出た場合には，すべての反対意見がなくなるまでこの手順を踏む。

　定期的に開催される，このガバナンス・ミーティングのプロセスを通じて，複数の役割が適応，明確化，新設，あるいは廃止されていきます。ホラクラシーの組織内に感知された「ひずみ」は，このような公式的な手続きによって白日の下にさらされ，解消へと至るのです。

1.2.3　ホラクラシーの光と影

　ホラクラシーの導入により，組織メンバー全員が自分の役割に権限を与えられるようになると，階層型組織の末端にいることに慣れた人たちは，もうどこにも隠れる場所もなくなり，責任を転嫁できる相手もいなくなるので，居心地の悪さを感じます。「全権を掌握する"上の人たち"は存在せず，あなたがい

るだけ」という権限委譲された状態に全員が置かれています。それゆえ，「ひずみを処理できるのに，あなたはそうしないことを選んでいるだけ」「発言権があるのに，あなたはそれを使わないことを選んでいるだけ」という批判から，誰もが逃げられなくなります。だから，ホラクラシーは「権限が分配され，みんなが一緒に大人になれる世界だ」（p.324）とロバートソンは述べています。

　靴のネット通販会社であるザッポス（米国企業）は，ホラクラシーの導入事例として有名です。しかし，同社の事例を検討したバーンスタイン（Bernstein, E.）らの論考では，その限界点についても指摘がなされています。たとえば，ザッポスでは，ホラクラシーの導入後，各部署に全部で150あった課（チーム）が500のサークルへと衣替えして進化しました。その結果，従来のチーム・リーダーは150人でしたが，リードリンクは300人に増えました（200サークルでは兼職）。つまり，ホラクラシーを全社で大規模に導入するうえでは，リーダーシップ能力をもつ人材の不足がボトルネックになるということです。

　また，ホラクラシーの場合，役割に対して人を割り当てていくため，自然と1人の人間が複数の役割を受け持つことになります。ザッポスでは，社員1人当たり平均7.4個の役割を担い，1つの役割は平均3.47個の個別の責任を伴うため，結果的に社員1人当たり25個を超える責任を負うことになりました。それゆえ，彼らは，単純なスケジュール調整も含めて，どこに注力すべきかに悩み，仕事の優先順位づけと調整で疲弊しているといいます。一方，人事管理の側面から見れば，ホラクラシーでの非常に多くの役割の存在が報酬制度を複雑化させます。さらに，役割に対応する新入社員の採用も一筋縄ではいきませんし，あらゆる社員の社内での配属もまた複雑な決定事項になります。

　とくにホラクラシーの難点として挙げられるのは，組織の重要な取り決めプロセスであるガバナンス・ミーティングを月1回の頻度で開催し，社員が複数のサークルに所属しているとすると，会議時間ばかり増加してしまう点です。

　以上のホラクラシーの限界点を踏まえて，バーンスタインらの論考では，とりわけ大企業の場合は，複雑さに由来するコストを避けるべく，自主管理の手法を組織の一部分だけに導入すべきだと，現実的な結論を述べています。

2．戦略と実践慣行の進化

ホラクラシー型の組織では，戦略の計画立案がはっきりと禁止されているわけではないですが，その種の計画を立てるかわりに，常に更新される経験則が重用されるようです。たとえば，「Xを優先すべし，たとえYを犠牲にしても」という形式の経験則が使われることが多いと，バーンスタインらは指摘しています。同様に，第5章で紹介したハマーの**プロセス中心型組織**においても，長期的な予測をするのは時間の無駄だと考えて戦略計画を重視していません。顧客が実際に望んでいることにすばやく対応する「プロセス」を設計することを重視するからです。彼は，「最良の戦略は現状にすばやく反応することである」（p.204）といいます。

実際，サイゼリヤの経営者である正垣泰彦は，具体例を挙げて「商品在庫の回転日数をもとに“死に筋”の商品を入れ替え続けると，店は“あるべき姿”になっていく。たとえば，伝統的な和食店だったのに，気がついたら肉料理の専門店のようになっていた……。としたら，それはお客様の望む姿に店が“進化”したということだ」（p.167）と言って，顧客の要望を的確に反映する単純なルーチンに企業が従うことで，自ずから進化する可能性を示しています。

また，ミンツバーグ（Mintzberg, H.）も「上級マネジャーはすべてを戦略策定すべきでない」と述べて，「マネジャーは工芸家であり，戦略は陶土である。陶器に対するのと同様に，彼らは組織能力の過去と市場機会の将来との間に座っている」（p.378）との観点に立ち，**戦略クラフティング**という理論的な見方を示します。つまり，企業の戦略は，策定されて保持されるものではなく，活動の成果を常に取り込みながら変形していく動体として見ることもできるのです。

2.1　戦略策定と戦略実行

戦略について，ウォルフ（Wolfe, N.）は次のように述べています。「戦略は，

名詞であると一般に思われている。たとえば，私たちは戦略を持つ，これが私たちの戦略と計画だと。しかし，戦略は，実際には動詞であり，組織を新しいあり方へと移行させるための一連の行動である。戦略は実行である。あなたに望ましい成果をもたらすような一連のイニシアティブを実行していくひとつのプロセスなのである」(p.111)。このように，名詞的な**戦略策定**に対して，動詞的な**戦略実行**は，企業の経営において比較的重要な機能となっています。

彼は，著書の中でさらに次のようなエピソードを紹介しています。

「かつて私は，デイヴィッド・ノートンがルネ・モボルニュと対話を交わしているところを聞いた。両者は，ともに戦略論の大家である。デイヴィッドはロバート・キャプランとの共著で世界的に有名な『バランスト・スコアカード』を著した。ルネはW.チャン・キムと共著で国際的なベストセラーの『ブルー・オーシャン戦略』を著した人である。ルネがデイヴィッドに尋ねた。なぜ，『バランスト・スコアカード』はそんなにたくさんの人気を博しているのかと。それを聞いたデイヴィッドは驚いた。"ルネ，私たちよりも多くの部数を売ったあなたがどうしてそんなことを聞くのですか？""ええ。でも，私たちが行くところどこでも，『バランスト・スコアカード』は最も幅広く戦略のために使用されているシステムなのですもの。"デイヴィッドは少し考えて，こう応えた。"ルネ，それはおそらくあなた方は戦略策定のレッド・オーシャンを泳いでいるからではないかな。一方，私たちは戦略実行のブルー・オーシャンの中にいるんだよ。"」(p.111)。

つまり，優れた戦略策定の手法が華々しく喧伝されたとしても，それを用いて策定された戦略内容（コンテンツ）を企業経営の現場に落とし込み，作動させることができなければ，無意味です。戦略実行のための手法は，一見すると地味ではありますが，そこに根強いユーザー・ニーズが存在しているのです。

事実，実務家の立場においては，戦略実行が常に課題になります。たとえば，モーガン（Morgan, M.）らの本では，戦略を実現させるためには，それを**プロジェクト**（作業単位としての活動）に変換する必要がある点を指摘し，「プロジェクト・ポートフォリオ」つまりプロジェクトの束として企業組織を設計

して管理するという手法が提案されたりもしています。ちなみに，キム（Kim, W. C.）とモボルニュ（Mauborgne, R.）は，その後，彼らの「ブルー・オーシャン戦略」を企業が戦略実行していくときに使用可能なフレームワークを実務家向けに解説した『ブルー・オーシャン・シフト』という本を著しています。

唯脳論で有名な養老孟司が言うには，五感として刺激を「入力」し，その結果を運動として「出力」するのが脳の働きであり，この入出力ループの繰り返しにより学習が進むそうです。とくに規則的で「変わらない」入出力を脳は覚えて残します。入力だけ，または出力だけで脳は学習しない，だから彼は「知行合一」つまり「知」と「行」を分離せずに一体的に扱いなさいといいます。同様に，企業経営における戦略策定（入力／知）と戦略実行（出力／行）も，一体不可分な機能ループとして捉えるべきなのかもしれません。

2.2　実践としての戦略

近年，経営戦略論の分野において「実践としての戦略（SAP：strategy as practice）」という視点が提唱されています。ジョンソン（Johnson, G.）らによると「戦略に関連して何を人々が行っているか，そうした行いが組織と制度のコンテキストからどのように影響を受け，また影響を及ぼすのかに関心を持つ研究」（p.9）とされます。「実践としての戦略」を解説した大森信の論考では，企業内の個人が日常的に実践しているミクロな活動を観察・分析対象に取り上げて「戦略は実践に従う」という側面を解明する取り組みだと紹介されています。

そもそも従来の経営戦略論では，コンテンツとしての戦略（strategy）を主な分析対象としていました。それに対して「実践としての戦略」論では，実行プロセスとしての**戦略形成**（strategizing）の中に観察される人々の相互行為や活動を分析対象にします。たとえば，networking（ネットワーキング），deciding（意思決定すること），structuring（構造化すること），diversifying（多角化すること）などの"-ing"として表現される活動，いわば「動詞」の分析を「名詞」の分析に代わって行おうという研究アプローチだとジョンソン

らは言います。

　パルーティス（Paroutis, S.）らの「実践としての戦略」論のテキストでは，企業内の実践を理解するうえで３Ｐフレームワークが役立つと紹介しています。３Ｐとは，**プラクティショナー**（実践者），**プラクティス**（実践慣行），**プラクシス**（実践行為）です。「三実思考枠組み」と，日本語訳できるでしょうか。

　実践者は，戦略の策定と実行を担う行為主体（マネジャーなど）です。**実践慣行**は，実践者が戦略策定時に活用する各種の手法・ツールやテクニックです（たとえば，ブルー・オーシャン戦略の「戦略キャンバス」など）。また，それらは実践者たちの思考や行為を導く伝統や規範として作用する「共有されたルーチン」でもあります。**実践行為**は，戦略を策定するために実践者が行う諸活動であり，計画プロセスやミーティングなどの具体的な行為です。これら３Ｐ（三実）を観察・分析対象として明確に捉えることで，企業の戦略が実践に従って形成される側面を明らかにできるとされています。

　また，ウィッティントン（Whittington, R.）は，３Ｐフレームワークに基づいて図表６－２のようなかたちで実践慣行が進化していくと指摘しています。

　社会で幅広く認められた実践慣行，特定の産業内で知られる実践慣行，企業内に代々蓄積された実践慣行など，世の中には既存の実践慣行があります。これら既存の実践慣行は，実践者によって採用され，実践行為の中で利用されることで，その有効性が実証されます。この採用－利用－実証の一連の繰り返しを通して有効な実践慣行が新たに見出され，社会・産業内・企業内に定着していくのです。「知行合一」で言われるように，実践慣行という「知」を実践者が実践行為という「行」を通してより理解を深めてアップデートしていくわけです。

　ジャーザブコウスキー（Jarzabkowski, P.）とキャプラン（Kaplan, S.）は，「心の中のユートピア（戦略ツールがいかに使用されるべきかに関する理論）と，経験のリアリズム（マネジャーたちが現実にどのようにツールを使用しているか）との間のギャップに架橋することは，まさに"実践としての戦略"の研究課題である」（p.537）と言います。

【図表6-2】

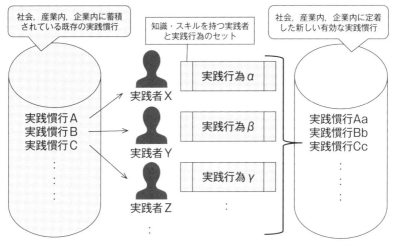

出所）筆者作成

　このように企業内で人々が実践していることに焦点を当てるのが，「実践としての戦略」論です。ただし，チア（Chia, R.）とホルト（Holt, R.）が指摘しているように，実践とは「目的にかなった（purposive）行動」ではありますが，「明確な意図をもつ（purposeful）行動」とは異なります。どちらかと言えば，過去の経験や文化的脈絡に裏打ちされた「無自覚的な行動」です。企業の戦略形成プロセスとしては，場当たり的な感じが否めないでしょう。

3．企業目的の効能

　サークルを中心とした自主管理型組織であるとか，計画や意図よりも経験的な実践としての戦略形成を重視するような考え方をとることで，はたして本当に企業としての一貫した経営が可能なのでしょうか。誰もが疑問に思います。
　この点について考えるに当たり，サラスバシー（Sarasvathy, S. D.）の「ある事物は，アイデンティティを持つがゆえに存在するのであって，その事物が存在するゆえに，アイデンティティを持つのではない」（p.213）という言葉が

ヒントになるかもしれません。

　たとえば，モジュール的なレゴ・ブロックやナノ・ブロックのような部品材料を使えば，多様な「ある事物」が組み立てられます。制作者が，それを椅子として組み立てれば椅子に，机として組み立てれば机に，家として組み立てれば家に，というように制作過程で付与されるアイデンティティが，事物としての存在の仕方を決定づけていることがあります。

　このとき「ある事物」を「企業」だと読み換えても，同じことを言えるのではないでしょうか。何らかのアイデンティティまたは「**目的**」が，それぞれの企業の存在の仕方に大きな影響を与えていると思われるからです。

3.1　目的を企業の中心に

　企業自身が世の中において不可欠な存在になる理由を明示するもの，それが「目的」です。たとえば「もし今日，あなたの会社が消滅したら，明日の世界は違っているだろうか？」との質問に対して「そうだ」と答えることは，あなたがいなければ世界に穴が空き，あなたと取引している顧客たちが路頭に迷うことを意味しています。つまり，顧客やサプライヤーたちが，立ち行かなくなり，すぐにあなたの会社の代わりを見つけ出せないことを意味します。ある意味，この状態は，企業そのものの戦略的な差別化に成功しているといえます。企業の競争優位性の源泉として「目的」はとても重要なものです。

　だから，企業の経営者は，彼らの仕事が何なのかと他人からたずねられたときには「私は，組織の目的の守護者です」と胸を張って答えるとよいでしょうと，モンゴメリー（Montgomery, C. A.）は『*The Strategist*』という本の中で述べています。

　さらに彼女は，「相互に強化し合う各種の部分的な活動」が集まった**価値創造システム**として戦略を考えるべきだと主張します。それは，確固とした「目的」のもとに，企業がどこでプレイするのか，どのようにプレイするのか，何を成し遂げようとしているのか，物事を正確に行うためにどんな組織設計にすべきか，成功をどのように測定すればよいか，これらを指し示すものだといい

【図表6−3】

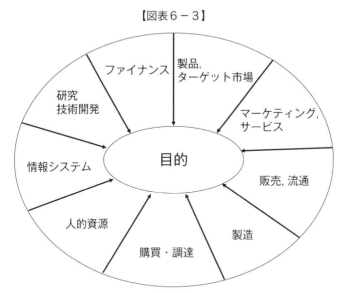

出所）Montgomery（2012），p.91より筆者作成

ます。

　図表6−3は，企業の「目的」を下支えしている価値創造システムを図表化するために彼女が考案した**戦略ホイール**と呼ばれる図です。中心に置かれる「目的」は，「自社が他社と異なって行うこと，他社よりもより良く行うこと」すなわち存在意義を明示します。また，その「目的」を実現可能にするための諸活動や資源の独特な配列が，周囲に置かれます。このように企業は，顧客に**バリュー・プロポジション**を行うために，戦略ホイールを構築するのです。

　このとき，ホラクラシーを想定するならば，この図の中で「目的」を取り囲む様々な専門性をもつ諸活動は，その役割ごとにサブ・サークルを形成します。そして各サブ・サークルは，各活動を効果的に遂行できる実践慣行をもっており，日々の実践行為を通してそれらに磨きをかけていきます。しかし，そのままでは各サークルが専門性や独自性の追求に走り，全体的な統合が困難になるでしょう。だから，すべてのサブ・サークルを包含する全社的なゼネラル・カンパニー・サークルの「目的」が明確に提示される必要があるのです。

ドラッカー（Drucker, P.F.）もまた，『マネジメント』という本で「企業の目的と使命を定義してこそはじめて企業は目標を設定し，戦略を発展させ，企業の資源を集中し，働かせることができる。それを定義してはじめて企業は，"業績を求めた経営"をできるようになる」（p.152）と述べています。企業の「目的」があるからこそ，ホラクラシーにおけるガバナンス・ミーティングで提起される問題・解決策・反対意見に対して，会議参加者たちが共通の価値観や志向性をもって討議を展開して理解し合えるのだといえます。

3.2　目的と目標の違い

日常会話では，「目的」と「目標」という言葉をあまり意識せずに混同して使用しがちです。目的と目標は，別物です。これらの概念上の違いを整理しておきましょう。参考になるのは，図表6－4に示す，紺野登らによる分類です。

目的は，意義や価値観などの「主観的要素」から生まれてくるもので，効果や質的な成果が問われます。他方，目標は，対象や数値などの「客観的要素」から設定されるもので，効率や量的な成果が問われます。

【図表6－4】

目的　Purpose	目標　Goal / Objective
● 意義や価値観など「主観的要素」から紡ぎ出される。	● 対象や数値など「客観的要素」から設定される。
● 柔軟，定性的。	● 固定的，定量的。
● 効果，影響の大きさ，質的成果（アウトカム）などが問われる。	● 効率，達成度，量的成果（アウトプット）などが問われる。
● 試行錯誤が推奨あるいは要求される。	● 未達や失敗は評価されない，むしろマイナス評価の対象。

出所）紺野ほか（2013）を参考に筆者作成

紺野はさらに，目的には「大目的」と「小目的」の2種類があるといいます。大目的は，最上位に位置づけられる本質的な目的です。企業の場合は，経営哲学や創業精神として表現されるもので，経営上の目的とそれらは整合します。

最終的には，社会的な共通善の追求にもつながるものです。一方で小目的は，大目的を実現するうえでクリアすべきものであり，一般的に複数存在します。具体的には，プロジェクトの当事者たちや，部門からの参加者の思いが結びつけられる技術上の目的，あるいは個人的な知的目的や構想などが相当します。

　また，「目標」の設定の仕方についてはガスマン（Gassmann, O.）らがSMARTアプローチを紹介しています。これは次の5項目の英単語の頭文字をとって名付けられています。

➤　具体的（Specific）：目標は具体的かつ詳細であること
➤　測定可能（Measurable）：目標は明確に計測できること
➤　受け入れ可能（Acceptable）：チームにとって受け入れ可能な目標であること
➤　現実的（Realistic）：目標が達成可能であること
➤　実現期間（Time-bound）：目標は定められた期間内に達成可能であること

3.3　企業目的の追求から生じる企業価値

　企業価値はステークホルダーが判断することだと，YKKの経営トップを務めた吉田忠裕は言います。彼は「製品を安く買えることは顧客にとっての利益になり，製品が顧客に売れれば当社が原材料を大量に仕入れることになるので取引先の利益につながり，配当や給料を上げることで社員の利益になります。再投資を続けることで，この循環が長期にわたって続いていくことになります。事業の発展を図り，それが顧客や取引先の繁栄につながることで，社会貢献できる」（p.85）として，これがYKKの経営理念の「善の巡環」だと説明します。つまり，顧客・取引先・地域社会・従業員などのステークホルダーが企業に対して抱く価値（使用価値）を総合したものが，企業価値だと考えられています。

　同様の視点は，マッキー（Mackey, J.）とシソーディア（Sisodia, R.）によって提唱されているコンシャス・キャピタリズムにおいてもいわれます。これは「あらゆるステークホルダーにとっての幸福と，金銭，知性，物質，環境，社

会，文化，情緒，道徳，あるいは精神的な意味でのあらゆる種類の価値を同時に創り出すような，進化を続けるビジネスパラダイムのこと」(p.42) です。

　彼らによると，営利企業は，単に利益を生み出し，株主価値を創造すること以外の「目的」で活動しているときのほうが，世界にはるかに幅広い好影響を及ぼすことができるそうです。なぜなら，そのような企業（コンシャス・カンパニー）のステークホルダーは，全員が共有する「目的」によって動機づけられているからです。実際，ステークホルダーの一人ひとりが，重要なものとして互いにつながり，依存し合っている状況下では，すべてのステークホルダーの価値の最適化を追求することが各人にとっての最良の選択肢になりうるのです。

　その企業の存在「目的」に説得力があれば，すべてのステークホルダーの間には驚くほどの相互作用が発生し，創造性やイノベーション，組織全体としての本格的な取り組みが促されると，彼らは言います。だから，すべてのステークホルダーに，その企業の「目的」と存在意義を認めて受け入れてもらえるようにすることが経営者の課題になります。

　この点は，「ステークホルダーの受容可能性」の程度が，企業価値の大小を決めるとも言い換えられるでしょう。第4章において，製品やサービスといった企業の「産出物の流動性」を確保するための議論をしたときには，「顧客の受容可能性」の重要さを強調しました。ここでは顧客という一部のステークホルダーだけでなく，すべてのステークホルダーの受容可能性が問われています。

4．本章のまとめ

　組織は独自の性格と歴史を踏まえた実体をもち，ペルソナ（人格）を備えているのだと，デ・グース（de Geus, A.）は『企業生命力』という著書で主張しています。［企業体｜事業単位｜ワークグループ｜チーム｜個人］といった企業内の組織階層が，それぞれのレベルで企業体のサブシステムとしてペルソナを有しており，彼は「ペルソナの梯子」があるのだといいます。

このように多層のペルソナを内部にもつ企業体のもとでは，個々のサブシステムが，それぞれ独自の特性，外見，決定力をもちつつ，同時に上位システムに帰属します。そして，どのシステムも目的志向であり，自己保存力と自己成長力をもちます。個々のサブシステムは，自己保存のために独自の行動を続けて行動範囲の拡大に努めます。どのサブシステムも自意識を持ち，自己の領域を自覚したうえで外部とつながりをもって自己の成長をめざします。これらのサブシステムが上位システム，つまり企業体の存続と可能性のためにプラスとなるように機能すれば，企業体の繁栄も続いて，その寿命も尽きることがないだろうというのが，彼の考えです。

また，健康な企業体には，価値観を共有しているメンバー（人間）がいると，彼は強調します。このような企業体では，メンバー全員によって「企業体の目的が個別メンバーの目的達成にも役立つ」と信じられています。企業体も構成メンバーも，ともに，生存願望をもちます。生活根拠を定め，領域拡張をはかるのは当然です。このとき企業体とメンバーとの間の契約は，「企業体がメンバーの潜在力の開発を支援する」という内容になります。やはり「個人のために役立つことが，同時に，企業体の利益にもなる」という視点が不可欠です。企業体の利益は，「メンバーの潜在力の開発が企業体の潜在力を創造する」という因果関係から生まれるのだと，デ・グースは述べています。

本章では，彼の問題意識とかさなるテーマを中心に解説してきました。まず第1に，自主管理型組織の一例として近年注目が集まっているホラクラシーを紹介しました。人に権限を付与するのではなく，あらかじめ設定された「役割」に権限を付与するという考え方が，ホラクラシーの特徴でした。企業は「人を組織する」のではなく，「仕事を体系化する」ために，ホラクラシーの組織構造を導入するのです。また，社内に「ひずみ」が生まれた場合には，それを感知したメンバーが「憲法」に定められた手続きに従って，その解消に取り組める仕組みが整備されていました。ホラクラシーは，メンバーの一人ひとりの自主性を引き出し，彼らを大人にする組織の一例だといえるでしょう。

第2に，戦略策定と戦略実行について，それらの概念的な特徴を比較して解

説しました。戦略策定では，「戦略をもつ」という表現で示されるように，戦略コンテンツの作成に注目が集まります。それゆえ，戦略の内容や計画を作成するときに役立つ思考ツールへの人々のニーズが重視されました。一方，戦略実行では，「事態を移行させるために行動する」と表現されるように動詞的な実行プロセスに焦点が当たります。したがって，組織内で人々が実際に戦略を具現化させるために取り組む様々な活動を補助するような実行ツールへのニーズが大きいことを見ました。

　第3に，「実践としての戦略」論を紹介しました。実践慣行・実践者・実践行為の3つに視点を据えて，企業の日常的な戦略活動を分析していく3Pフレームワークを解説しました。この見方をとることで，業界や企業に蓄積されている既存の実践慣行を，実践者たちが実践行為の中に採り入れて現場で実行していく，そして，その実践慣行の有効性を日常的に検証・確認する，という「採用－利用－実証」の繰り返しプロセスが，さらに新しい実践慣行を創出・発展させていく，このような戦略実行の経過を整理して分析できることを示しました。

　第4に，企業「目的」の存在が，自主管理型組織におけるメンバー間の調整と統合を促すことや，戦略形成プロセスにおける無自覚的な各種の実践行為を目的にかなったものへと導くこと等の効能をもつ点を指摘しました。また，「目的」を企業の中心に据えて，その実現に向けた資源や諸活動の独自な配列を図表化して明示できる「戦略ホイール」についても紹介しました。

　最後に，コンシャス・キャピタリズムの考え方を取り上げて，企業価値が企業のステークホルダーからの支持の大きさによって決まることを指摘しました。とくに企業の「目的」と存在意義を，経営者がすべてのステークホルダーに受容してもらえるように努力する必要性を指摘しました。「顧客の受容可能性」のみならず「ステークホルダーの受容可能性」が，企業そのものの社会的な価値の大きさを表しているといえるからです。

第6章　人々の活動を導くもの　**139**

付録

ホラクラシー憲法 バージョン4.1（概略）

前文

　この「憲法」は，組織のガバナンスと運営のための規則と手続きを定める。各「批准者」は，本憲法を採択した「組織」にとっての公式の権威構造であるこれらの規則を遵守し続けるとともに，自らはその全体または一部としてこれを管理運用するための権威（職権）を有するものとする。組織のガバナンスと運営に参画することに同意する各批准者および他のいかなる者（その「パートナー」たち）は，この憲法によって認められた権威（職権）に依拠し，さらにその責務と制限事項に服すことを承諾することとする。

第1条　役割の賦活
　第一項　役割の定義
　第二項　役割充足の責任
　　1号　緊張の解消
　　2号　目的と説明責任の処理手続き
　　3号　プロジェクトの処理手続き
　　4号　プロジェクト，即応行動，緊張の追跡評価
　　5号　注意と資源の差配
　第三項　行為のための権威（職権）
　第四項　権威（職権）の領域
第2条　サークルの構造
　第一項　サークルの基本
　　1号　役割とポリシーの定義
　　2号　サークル領域に影響する役割
　　3号　統制権の委譲
　第二項　サークル・リードリンク
　　1号　未分化な機能の保持
　　2号　優先順位と戦略の策定
　　3号　リードリンクの役割の修正
　第三項　コア・サークル・メンバー
　　1号　メンバーシップの基礎

　　2号　多重任務役割の排除
　　3号　過小な役割割り当ての排除
　　4号　コア・メンバーの特別任命
　第四項　役割の割り当て
　　1号　未充足の役割
　　2号　複数の人への役割割り当て
　　3号　役割の辞任
　第五項　選挙される役割
　　1号　選挙と資格
　　2号　選任期間と再任
　　3号　選挙される役割の修正
　　4号　選挙される役割の代理
　第六項　サブ・サークル
　　1号　サブ・サークルの変更
　　2号　サブ・サークルの除去
　　3号　サブ・サークルのリードリンク
　　4号　サブ・サークルのレプリンク
　第七項　横断的な結びつき
　　1号　クロスリンクの役割
　　2号　クロスリンクの役割割り当て
　　3号　クロスリンクの権威（職

権）
4号　クロスリンクへの役割付加
5号　境界と権限委譲
第3条　ガバナンス・プロセス
第一項　ガバナンスの範囲
第二項　ガバナンスの変更
1号　プロポーザルの策定
2号　妥当な提案の基準
3号　提案に対する検証
4号　妥当な反対の基準
5号　反対に対する検証
6号　調停のルール
第三項　ガバナンス・ミーティング
1号　出席者
2号　告知と定足数
3号　ミーティング・プロセス
4号　議題の設定
5号　統合的な意思決定プロセス
6号　統合的な選挙プロセス
7号　ガバナンス・ミーティング
での運営の意思決定
第四項　憲法とガバナンスの解釈判
断
1号　セクレタリーの解釈の優越
2号　上位サークルの解釈の優越
3号　解釈の判例化
4号　不当なガバナンスの拒否
第五項　プロセスの崩壊
1号　ガバナンスの失敗による崩
壊
2号　違憲行為による崩壊
3号　プロセスの復旧
4号　プロセス崩壊の拡大

第4条　運営プロセス
第一項　サークル・メンバーの責務
1号　透明性の責務
2号　処理遂行の責務
3号　優先順位づけの責務
4号　リンクによる責務の伝達
5号　暗黙的な期待の無効性
第二項　戦術ミーティング
1号　焦点と意図
2号　出席者
3号　プロセスとその円滑化
4号　欠席者の代理
第三項　個人行動
1号　許容される状況
2号　コミュニケーションと復帰
3号　ガバナンスの明確化
4号　取得結果の優先
第5条　採択事項
第一項　批准者による権威（職権）
の譲渡
第二項　アンカー・サークル
1号　アンカー・サークルへのリ
ンク
2号　リードリンク不在の場合の
所作
3号　組織の目的
4号　アンカー・サークルの更新
5号　上位サークルの非存在
第三項　初期の構造
第四項　旧体制のポリシーとシステ
ム
第五項　憲法の修正と廃止

出所）　HolacracyOne（2015）より筆者作成

AVAN：Activity-Value Acceptors' Network

第7章　活動の統合と展開

1．活動の統合による新規事業開発

1.1　骨の折れる仕事

　新しい産業・新事業領域を立ち上げていこうとする先駆者たちが直面する「骨の折れる仕事」の数々について，アメリカの自動車産業を創業して自動車王と呼ばれたヘンリー・フォード（Ford, H.）が，同時代をともに生きたエジソンの思い出を語った本の中で，とても興味深いエピソードを述べています。

　周知の通り，エジソンは電力産業を創成しました。いまや各家庭への電気供給は，適切な技術に基づいて当たり前に行われています。フォードが尽力した自動車もまた，専門的な技術に依拠して大量生産されています。しかし，新産業の先駆者・開拓者である彼らにとって，当初の事業化の取り組みは，彼らのヴィジョンや計画に合わせて順調に進むことは決してありませんでした。

　かつてフォードはエジソンと，「新しい発明品の製作に使う適当な材料や購入先を得ることの難しさ」について互いに話し合って共感したことがあるそうです。フォードは，最初に開発した自動車において，それに使う適当なタイヤが見つからなかったので二輪車用のタイヤを妥協して使った話をし，一方で，エジソンは，白熱電灯に適した管球を見つけるのに苦労して，結局は自分でガラスを吹いて管球を作らなければならなかった話をしたといいます。

　実際，電力供給ネットワークと電灯システムを世の中に提供するに当たって，エジソンは企画を実行するための材料や部品を手元にもっていませんでした。彼が要求する仕様の発電機と，それを動かす蒸気エンジンの設計製作者を見つ

けるのも容易ではなかったし，強力なエンジンやボイラーに使用可能な鋼すら当時はなかったといいます。さらに彼は，電灯に使うスイッチ，ソケット，導線の類いまで全部品を自ら設計・製作しなければならなかったといいます。

そのうえ，電灯システムの事業化では，街路に沿った高い電柱に電線を張って人口密集地の建物に引き込むのは，また難事でした。下手をすると漏電が原因で大火災になる恐れもあったため，彼は進行中のすべての作業段階を把握しておく必要があったのです。それゆえ，彼は電灯の権利を売ることは拒否し，むしろ自分の管理下でリースすることに固執して，不注意で無能な者の手に電灯が渡らないようにしました。かなり長い間，彼は電灯ビジネスを管理し，事業を任せられる人物が育つまでその仕事にとどまりました。

同時に，彼は人材育成のために，作業者の訓練校を開きました。授業は夜間に彼の事務所で行われました。学生として選ばれたのは，電信，電話，警報機，当時の簡単な電気器具に多少の経験をもつ者たちでした。記録によれば，この初期の作業者の学生たちは，のちに有力な工事業者となったり，中央発電所の管理職や責任者など要職に就いたりしたそうです。

以上のフォードが語ったエジソンのエピソードより，私たちは，新産業を立ち上げるときに先駆者たちが直面する困難な問題をかいま見ることができます。先駆者は，その名の通り，未だかつて誰も取り組んだことがない新規の事業に挑戦する人です。彼らは，その新規なビジョンや企てを実現するのにちょうど良い既存の経営資源（人材・部品・原材料）を，手元にもち合わせていませんし，また，外部の業者から調達・入手したいと思っても，そのちょうど良い資源の供給者（売手）が世の中にいなければ購入もできないということなのです。

1.2　動学的取引コスト／企業の境界

エジソンやフォードのように新領域の事業開発に挑戦する人たちは，その新事業を実現させるために必要な経営資源を自らの手で1つずつ準備することが求められていました。これまで存在しなかった新事業ならば，当然，原材料や部品の製造業者もいません。したがって，必要な原材料や部品を自社内で開発

【図表 7 - 1】

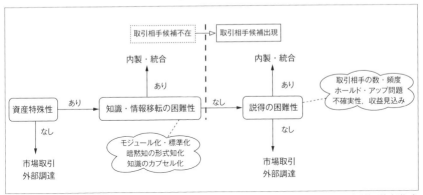

出所）筆者作成

して内製（社内製造）する必要があります。あるいは，原材料や部品を製造・納入してくれる外部の供給業者を見つけ，自社への協力を要請しなくてはなりません。これは人材についても同様です。新規に募集・採用した人材を社内で独自に育成する，あるいは，外部の教育機関や訓練学校に対して新事業領域に適合する人材教育の振興を促す，といった取り組みが重要になってきます。

図表 7 - 1 に沿って説明すると，上述の状況は図の左半分における「取引相手候補不在」の環境下での原材料・部品の「内製（組織的な垂直統合）」として位置づけられます。

エジソンやフォードらの初期の電力産業や自動車産業は，新規性が高かったために「資産特殊性」の高い，独自で専用の原材料・部品の使用が求められました。だから，市場取引を通じた外部調達は簡単にできませんでした（フォードは妥協して二輪車用タイヤを試作品で使用していました）。さらに，当時は一般に馴染みのない専門的知識が開発と製造において必要とされていたうえ，その知識自体も発展途上で，当事者たちが日々の活動の中で開発知識や製造知識を体得して磨き上げている最中でもありました。それゆえ，「知識・情報移転の困難性」が必然的に存在し，外部の業者に製造を委託することは，そもそも不可能でした。その結果，彼らの新規事業は，原材料・部品を内製する垂直

統合型の組織として出発したのです。

　しかし，新規事業が実際に立ち上がって実績を積み上げていくことで，時間の経過とともに，彼らの新規事業に協力して原材料・部品を作ってくれる取引先の「候補」が出現し始めます。これが図の右半分の状況です。

　たとえば，機械工学や電気工学の知識が蓄積し，それらが教育や訓練などを通じて社会的に普及していくことで，かつては新奇かつ特殊であった事柄も，人々が受け容れやすくなります。新規事業に取り組む革新者たちの頭の中だけで理解されていた暗黙的な事業構想や設計情報が，手続きの標準化や作業のマニュアル化，そして専用工程設備・機器の開発（知識のカプセル化）などによって形式知化・可視化されて「知識・情報移転の困難性」が克服されます。この状況に至ってはじめて，取引相手候補が出現します。

　ただし，取引相手候補はあくまでも候補です。もし，新規事業にビジネスとしての魅力がなければ，候補企業は実際に取引相手にはならないでしょう。お人好しで協力する原材料・部品メーカーは，ほとんどいません。新規事業の市場規模が小さかったり，需要の変動が大きくて不確実性が高かったりすると，原材料・部品メーカーは「高リスクで収益見込みが小さい」と見なし，事業化への投資を避けるでしょう。つまり，「説得の困難性」を克服しなければ，新規事業の革新者たちは，市場取引からの外部調達を実現できないのです。

　このように新規事業の革新者たちは，「外部の他社を自社の取引相手（または協力企業）にするために，知識や情報を教示して，説得し，交渉し，調整するために要する一連のコスト」に必ず直面します。このコストには，**動学的取引コスト**（dynamic transaction cost）という名前が，ラングロワ（Langlois, R. N.）によってつけられています。

　ちなみに，通常よく言われる**取引コスト**とは，コース（Coase, R. H.）によって最初に指摘された「市場取引の費用」のことをいいます。これは，市場取引を実行するうえで必要となる「①交渉相手を見つけ出すこと，②交渉の内容と条件を相手に伝達すること，③成約までに駆け引きすること，④契約を結ぶこと，⑤契約の履行を監視・確認すること」等々の項目を，費用として企業が認

識するという考え方です。

　そのうえでコースは，取引コストが低ければ市場取引が実行されるが，逆に取引コストが高い場合には，相対的に企業組織の中での生産活動のほうが諸費用を節約できるため，企業は垂直統合・内製へ向かうと指摘します。しかしながら，彼の議論は，図表7－1の右半分，つまり取引相手候補が必ず存在するはずだとの前提のうえでだけ成立します。左半分の候補者そのものが不在の状況は，想定されていません。

　したがって，新規事業の革新者たちは，むしろラングロワのいう動学的取引コストに対して注意を払うべきでしょう。実際，自動車やオートバイなどのメーカーが，新興国に進出するようなときにも動学的取引コストは発生します。たとえば，新興国に生産拠点の工場を設置するときに，そこで当該企業にとって有能な働き手の採用が困難であるならば，企業が自前で労働者の訓練校を設立したりします。また，販売拠点として新興国に進出するならば，交通安全ルール作りに協力したり，企業が免許センターを運営したりするなど，その事業に対する社会的な受け容れ基盤の形成に関与します。

　新規事業の周辺領域にまたがる組織的な統合を経て，新規事業の革新者たちは，取引相手候補の将来的な出現を待つのです。

1.3　アダプションチェーン・リスク

　このように新規事業を立ち上げる際に，革新者たちは，取引相手候補の不在という動学的取引コストに悩まされつつも，**サプライチェーン**を形成していかなくてはならないという問題を抱えています。

　他方で，それと同時に，彼らは需要側の問題についても目を向ける必要があります。新規事業が革新的な製品やサービスを生み出したら，それでめでたく話が終わるわけではありません。実際に，新製品・サービスが顧客によって受け容れられるまでのプロセスを構築する必要があります。最終ユーザーが，新製品・サービスを手にして評価できるようにするためには，革新者と最終ユーザーとの間に介在する「中間顧客」または「パートナー」たちを満足させて，

【図表7−2】

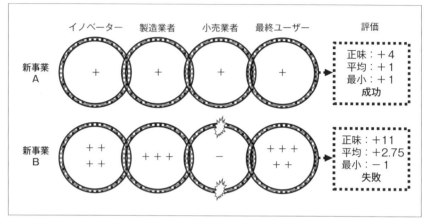

出所）アドナー（2013）の図3.2をもとに筆者作成

彼らの受容を獲得しなくてはならないのです。

　パートナーや中間顧客が，まず革新の成果を受け容れなければ，最終ユーザーがそれを手にして評価することすらできないリスクがあるということを，アドナー（Adner, R.）は『ワイドレンズ』という本の中で，**アダプションチェーン・リスク**と名付けて指摘しています。

　図表7−2は，アダプションチェーン・リスクを模式的に解説しています。新事業Aは，イノベーター・製造業者・小売業者・最終ユーザーのすべてによって手堅くプラス評価を受けているため，事業化されて成功しています。それに比べて，新事業Bは失敗しています。イノベーター・製造業者・最終ユーザーからの高評価を得られると期待されているにもかかわらず，途中の小売業者の評価ひとつがマイナスになっているためです。つまり，新事業Bの場合，取り扱いコストが高くて利幅が薄いなどの理由から，小売業者は新事業への参画を拒否している状況だと考えられます。その結果，アダプションチェーンが途切れて，新事業Bの実現が阻まれているのです。

　新規事業の革新者たちには，革新の成果を最終ユーザーの手に届けるために，中間顧客やパートナーたちの受容可能性に対しても注意を払い，彼らが新規事

業に関与するメリットを提示する，その努力が求められているといえます。

1.4　企業間の協働

そもそも別個の行為主体として独自に異なる目的を追求する企業どうしが，どのような背景からパートナーとしての協力関係に入っていくのでしょうか。リチャードソン（Richardson, G. B.）の「産業の組織化（organisation）」という論考を手がかりにして，この点を整理していきましょう。

まず彼は，経済的な行為主体としての個人や企業が**協調**（co-ordination）する方法として3つのモードがあると分類します。第1が，**合同**（consolidation）です。これは別個に存在していた企業どうしが合併や統合によって単一の行為主体になり，その内部で組織的に指揮統制がなされるという協調の方法です。第2が，**市場取引**（market transactions）です。これは，各行為主体・各企業が独立した状態で価格メカニズムに従って意思決定を行い，ともに市場に参加している無数の取引相手候補の中から最適な相手とマッチングするという協調の方法です。第3が，**協働**（co-operation）です。これは，合同とは異なって各企業の独立性は維持されつつも，企業間で連携または提携して意思決定や行動をしていくという協調の方法です。以上が，3つの協調モードの外形的な分類説明です。

そのうえで彼は，様々な**活動**（activities）によって「産業」が成り立っているのだという視点に立ちます。さらに，これらの活動は，知識・経験・スキルの面において適切な**能力**（capabilities）をもつ行為主体によって実行されていると，彼は考えます。実際，大きく分けて，活動には3種類あります。「同類の活動」と「相補的な活動」と「異質な活動」です。

1つ目の同類の活動は，同じ種類の能力を必要とする活動のことであり，組織的にいえば，これらの活動をひとまとめにすることで**専門化**（specialization）がなされます。2つ目の相補的な活動とは，単独では作業成果につなげることが難しく，互いに協調されるべき異なる作業工程どうしのことです。つまり，組織的な観点から見れば，これらの活動は**分業**（division of labour）の関係で

す。3つ目の異質な活動は，全く関連性のない異なる能力が求められる活動のことをいいます。このように彼は，活動とそれを可能にする能力の側面から，それぞれの協調モードが生起する背景の説明をしていきます。

　結果的にリチャードソンは，企業の活動に求められる能力の「同質性から異質性までの程度」が，企業の内側／外側のどちらにその活動（作業工程）を位置づけるかを決定づけていると指摘します。したがって，「同類の活動」かつ「相補的な活動」は，同一企業内の管理下に置かれて，「合同モード」の協調が選択されます。一方で，「異質な活動」は企業外に留めおかれて外部からの調達ですまされるため，基本的に「市場取引モード」の協調が選択されます。

　そして，「協働モード」という協調の方法が企業によって選択される状況はというと，「異質な活動」であるが「緊密に相補的な活動」どうしを協調させる必要があるときだと，彼は述べます。具体例を挙げれば，タイヤ・メーカーと自動車メーカー，あるいは製粉企業と製パン企業などに見られる，連携・提携関係です。異質性が高い活動は，同一企業内での管理には不向きです。しかし，緊密な相補性が重要な活動の場合，量と質の確保において，完全な市場調達では達成不可能です。汎用的な原材料（インプット）であれば，市場調達ができますが，当事者たちの間で緊密に量的・質的な事前調整が必要なインプットではそれができません。したがって，協働モードが発生するのです。

　新規事業に取り組む革新者たちは，サプライチェーンとアダプションチェーンを形成するに当たり，どの領域まで合同モードにするのか，どの領域を市場取引モードにするのか，どのような領域で協働モードを採用するのか，考える必要があります。その時に，ここでリチャードソンが示した「活動」の種類を踏まえて意思決定するとよいかもしれません。

2．活動の組み合わせとしての企業

　産業レベルでの組織化を「活動」の観点から考察した上記のリチャードソンの議論とは別に，企業レベルにおいて「活動」の側面から企業の内部組織を考

察する議論もあります。とくに，企業が組織構造をデザインする方法や，企業が成果を生み出すための管理の指標として，「活動」は注目されています。

たとえば，ロバーツ（Roberts, J.）は『現代企業の組織デザイン』という本において，組織デザインの主要概念として**相補性**（complementarity）に着目して議論しています。特定の活動が生み出す成果の大きさに対して影響を及ぼす別の活動があるならば，それが彼の言う「相補的な活動」です。このように相互作用し合う「相補的な活動」をひとつの集合単位として組織デザインを行うことで，**コヒーレントなパターン**（定常状態）を形成できれば，効果的に収益を最大化できるというのが，彼の主張です。

また，ジョンソン（Johnson, H.T.）は「収益性を高める方法は，活動を管理すること」だと言って，「**活動ベース情報**（activity-based information）」を経営の管理指標にすることを，同タイトルの論考の中で提案しています。企業は，事業の中で経営資源を消費して収益を生む産出物へと転換する「活動」を行っています。だから，会計上に記録されるコスト（資源消費の反映）だけをもとにした経営管理は片手落ちであり，消費（資源投入）から産出までの全体的な「活動」の効率性を評価できる指標が必要です。とくに企業は，諸活動の中のムダを取り除けるような情報を把握すべきだと，彼は指摘しています。

2.1　バリュー・チェーンとバリュー・ショップ

2.1.1　バリュー・チェーン

事業を，様々な活動から構成されるものとして分解的にみなし，それら諸活動の中から戦略的に重要なものとそうでないものを見きわめて，重要な活動を強化してムダな活動を取り除くことで競争力を高めようという発想があります。その代表例が，ポーター（Porter, M. E.）の**バリュー・チェーン**です。

図表7－3のように，企業のバリュー・チェーンは**主活動**とそれを背後で支える**支援活動**から構成されます。

主活動は，インバウンド・ロジスティクス（原材料を受領・備蓄・配布する

【図表7-3】

支援活動	企業インフラ				
	人材管理				
	技術開発				
	購買				
主活動	インバウンド・ロジスティクス	オペレーション	アウトバウンド・ロジスティクス	マーケティングと販売	サービス

マージン
交換価値の最大化
顧客の購買基準

出所）Porter（1985）のp.37，Figure 2-2を参考に筆者作成

活動），オペレーション（原材料を産出物に変換する活動），アウトバウンド・ロジスティクス（産出物の集荷・在庫・顧客配送する活動），マーケティング&販売（顧客を惹きつけて購入を促す活動），サービス（産出物の属性を高める／維持するサービスを提供する活動）として分類されます。つまり，原材料が顧客の受容する最終製品へと変換されていく社内的なプロセスとして，主活動が逐次的に連鎖（チェーン）している状態をバリュー・チェーンの図は表しています。

　一方，支援活動は，企業インフラ（全般管理・企画・財務・法務・総務などの活動），人材管理（採用・配置・訓練・報酬管理などの活動），技術開発（製品・工程の改善や開発の活動），購買（諸活動で使用する投入物を調達する活動）として分類されます。これらは特定の主活動だけに影響するものではなく，幅広く事業全体の活動を支援するものであるため，図では横串で表されています。

　バリュー・チェーンを企業が描いたときに，その図を最も性格づけるのが「顧客の購買基準」です。企業は最終製品を最も高いマージンとともに顧客に販売したいと考えます。すなわち，交換価値の最大化が企業にとっての関心事です。当然，顧客の嗜好から影響を受けます。低価格重視の顧客が相手なら，

諸活動のムダを省いて低コスト化をめざします。顧客が高品質重視なら，知覚品質が高まるように諸活動を改善・開発していきます。その結果，企業は「顧客の購買基準」を満たせる諸活動の連鎖を作り上げ，競争力を身につけていくのです。

2.1.2　バリュー・ショップ

　原材料を製品へと変換するプロセスに事業としての優劣（競争優位）が表出する製造業では，バリュー・チェーンによる経営分析が有効だと思われます。

　しかし，たとえば病院の診療サービス，学習塾の教育サービス，企業経営のコンサルティング・サービスなど，顧客一人ひとりとの相互作用を通じた問題解決のプロセスに事業としての優劣（競争優位）が表出するサービス業に対しては，バリュー・チェーンの分析枠組みは不適当です。そこで新たに提案されたのが，スタベル（Stabell, C. B.）とフィエルスター（Fjeldstad, Ø. D.）によるバリュー・ショップという分析枠組みです。図表7－4は，その特徴をバリュー・チェーンの特徴と比較して示しています。また図表7－5は，問題解

【図表7－4】

	バリュー・チェーン	バリュー・ショップ
活動のロジック	投入物の産出物への変換	顧客の問題を解決
主な組織編成の技法	長連結型	集中型
主な活動の項目	●インバウンド・ロジスティクス ●オペレーション ●アウトバウンド・ロジスティクス ●マーケティングと販売 ●サービス	●問題発見と情報収集 ●問題解決 ●解決策の選択 ●解決策の実行 ●評価とコントロール
諸活動の相互の関係性	逐次的	循環的・スパイラル的
鍵をにぎる要因	コスト削減［規模効率，稼働率］	差別化［名声，評判］

出所）Stabell & Fjeldstad（1998）のp.415，Table 1 を参考に筆者作成

【図表7-5】

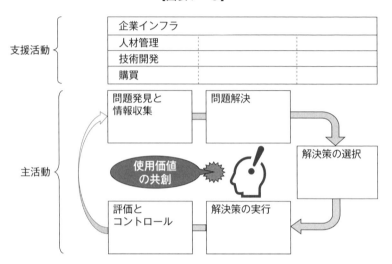

出所) Stabell & Fjeldstad (1998) のp.424, Figure 3を参考に筆者作成

決プロセスに従って諸活動が循環している，ショップ（仕事場）を表しています。

　バリュー・ショップにおける主活動は，問題発見と情報収集（解消すべき問題を記録・精査・明確化する活動），問題解決（様々な解決策を創出・評価する活動），解決策の選択（代替案の中から解決策を選択する活動），解決策の実行（解決策の遂行に向けて意思疎通と組織化する活動），評価とコントロール（実行がどの程度問題を解決したかを測定・評価する活動）に分類されます。これらの活動を顧客に寄り添いながら循環的・スパイラル的に回していくことが，サービス業におけるバリュー・ショップです。

　ここで事業としての優劣（競争優位）が表出するのは，顧客との相互作用プロセスです。つまり，顧客にとっての使用価値をうまく共創していけるようなバリュー・ショップを構築できれば，そのサービス業者の名声や評判も高まり，結果的に他社に対する競争力も得られるのです。

2.2 活動システム／差別化システム

　一方で，バリュー・チェーンを提案したポーターは，その後の著書において製造業のみに限定されず，サービス業に対しても幅広く適用可能な事業戦略のための分析枠組みとして**活動システム**（activity system）を提案しています。

　企業は，そもそも個別の資源や個別の活動を寄せ集めて保有するだけでは，いかに各要素が優れたものであったとしても，その競争優位獲得のための方策として不十分です。それらの各要素が，当該企業の採用する事業戦略と有機的にフィットして全体的にまとまった「活動システム」を構成していることこそが，競争優位を確立するうえで重要なのだと，彼は指摘しています。

　実際，彼は数社の成功企業の具体例を**活動システム・マッピング**として図表化しました。そこでは，当該企業の競争優位を構成する主活動とそれに付随する諸活動が有機的に結びつけられている様子が描かれています。しかしながら，図表化する際の基軸となる活動間の連結ルール（マッピング方法）が不明なため，活動システム・マッピングでは「あれもこれも大切だ」となりがちで，活動要素の図示が発散してしまう難点があります。競合他社から差別化するために活動システムを検討するはずなのに，これでは焦点がぼやけて役に立ちません。

　そこで根来龍之は，この問題を解決するために「差別化」点から活動システムを書き直すという新提案をして，**差別化システム**という図表化方法を著書の中で紹介しました。彼の差別化システムの図では，差別化の「仕組み」を構成している諸活動と諸資源が何であるのかが顕示されるので，競争優位の源泉がわかりやすくなっています。差別化システムの図では，活動要素のみならず，それを背後で支持する資源との関係性も含めて表現されている点が特長です。

　したがって，本書ではポーターがかつて例示したイケアの活動システムの図を，根来の差別化システムの図の形式に書き換えて**図表7－6**を例示します。

　イケアは，伝統的な家具販売業と異なり，「セルフ・サービスの店舗で低価格帯のモジュラー型組立家具を顧客自身が選択購入して在庫商品を持ち帰る」

【図表7-6】

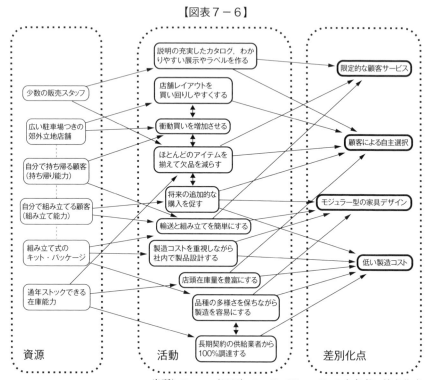

出所）Porter（2008）のp.48, Figure 2.3を参考に筆者作成

というビジネス・コンセプトで差別化に成功している事例です。この図表7－6では、上記の差別化点を実現可能にしている、イケアの諸活動の組み合わせと、さらに諸活動の背後に存在する資源要素のセットを分解的に明示しています。

　これが、イケアに競争優位をもたらしている、つまり他社が簡単には模倣できないほど複雑である、活動システムを表現しています。また同時に、イケアは社内の資源・能力のみならず、顧客の能力も経営資源の一部とみなして活用するのだという、その特徴的な差別化システムを明らかにしています。

　根来によると、企業が差別化システムを考えるときは、まず差別化点を明確化して、それを支えていく活動や資源は何かというように、さかのぼる順序で

分析を進めるのが良いとされます。そうすれば，差別化に結びつかない資源に注意を向けてしまう，無意味な分析を避けられるからです。

　以上のような企業の活動システム／差別化システムは，確かに事業戦略の構築において有用であるといえます。しかしながら，活動システム／差別化システムは，社外の取引相手や協力企業との関係性を分析対象にはしていません。あくまでも産出物を生産・販売する側の社内的な活動に焦点が当てられており，そこに産出物の受容者側（顧客側）の視点は希薄です。

3．価値ネットワーク

　フォードやエジソンが立ち上げた当初に，動学的取引コストが高くて組織的な垂直統合の度合いも高かった自動車産業や電力産業でも，歴史とともに動学的取引コストが低下するにつれて，関連の周辺企業や部品メーカーなどを多数出現させてきました。その結果として，産業内では，分業化と専門化が進み，サプライチェーンとアダプションチェーンが中核の企業を取り巻いています。

　このような「企業と供給業者・顧客との関係性」を表すために，クリステンセン（Christensen, C. M.）とローゼンブルーム（Rosenbloom, R. S.）によって提案されている概念が，価値ネットワークです。

　価値ネットワークとは，定義的にいえば，一企業が「顧客ニーズを認識して対応する，問題を解決する，投入資源を入手する，競争相手に対処する，利益を追求する」といった一連の活動を遂行する際に，背景的に存在しているコンテキスト（脈絡）です。そして，企業は意識的・無意識的にせよ，このコンテキストによって行動と思考の枠組みに影響を受けていると考えられています。

　図として価値ネットワークを表現する場合，それは図表7－7のように，入れ子状の階層構造として表されます。

3.1　顧客ニーズに寄り添うコンテキスト

　たとえば，一般的な家庭生活を営む消費者を中心に置いてみると，消費者は

【図表7－7】

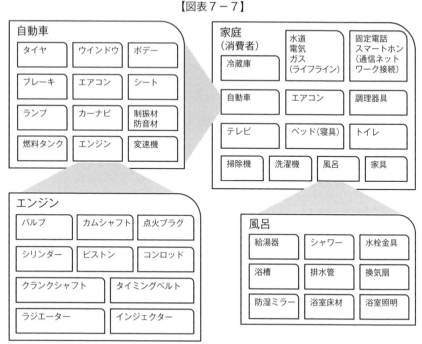

出所）宮崎（2000）のp.186，図17・1を参考に筆者作成

家庭の中で様々な製品やサービスを使用しています（それらを雇って片づけるべきジョブを処理しています）。彼らは，「入浴する」ために風呂（ユニットバス）を使うでしょう。ユニットバスは，住宅設備メーカーが提供します。このとき住設メーカーは，顧客ニーズに合わせたユニットバスを設計します。風呂掃除の容易さを求める顧客に対しては，お手入れしやすい床材や浴槽，乾燥機能を高めた換気扇などの開発・設計に注力します。他方，風呂にエンターテインメント性を求める顧客に対しては，照明デザインを工夫し，テレビ機能を追加するなど，別の方向性でユニットバスが設計されていきます。住設メーカーは，ターゲット顧客とニーズが異なれば，それに応じて社内の活動を変えて，原材料や部品の入手先・供給者も変える，つまりコンテキストを変更する必要があるでしょう。

3.2　入れ子状の階層構造：製品構造と企業の取引関係

　次に，家庭のガレージに目を向ければ，自動車があります。自動車は，製品の構造も複雑ですし，ユーザーによる製品の使われ方も多様なので，簡単なコンテキストではありません。とりあえず図では，一般家庭における外出・交通手段としての従来型ガソリン自動車をイメージして描きました。

　自動車はシステム製品なので多種多様な部品ユニットから構成されており，さらに個々の部品ユニットも細分化された部品や素材から構成されています。まさに多段階に入れ子状の階層を描けるでしょう。図表7－7では，自動車のエンジン・ユニットの内部を構成する部品レベルまで描きました。さらに分解すれば，たとえばシリンダーは，シリンダーブロック，シリンダーヘッド，シリンダーヘッドカバー，シリンダーライナー，シリンダーヘッドガスケット，シリンダーヘッドボルトなど，より細分化された部品から構成されているそうです。

　価値ネットワークの視点から自動車製品を見たときに特徴的なのは，製品構造が階層化しているだけでなく，各部品を製造する企業もまた個別の部品メーカーとして階層的な分業・取引関係を形成している点です。自動車の完成車メーカーを最終的な出口として，そこに部品を供給するTier 1メーカー（一次企業），一次企業に部品を供給するTier 2メーカー（二次企業），二次企業に納品するTier 3メーカー（三次企業）……とサプライチェーンがつながっていきます。

　当然そこには，互いに取引関係にある企業どうしで共有するコンテキストが存在します。消費者が好む「いいクルマ」を実現するために，完成車メーカーはそれぞれの部品メーカーと協力関係を持ちます。リチャードソンのいう「異質であるが緊密に相補的な活動」として「協働モード」が採用されます。Tier 1メーカーは完成車メーカーのニーズに応え，Tier 2メーカーはTier 1メーカーのニーズに応え，Tier 3メーカーはTier 2メーカーのニーズに応えるというかたちで，各々の「顧客の受容可能性」を追求する活動が連鎖していきます。

完成した自動車が消費者の心をつかみ，たくさん売れれば売れるほど，彼らの行っている活動は「間違っていない」と認められ，さらに活動が強化されるでしょう。こうして業界内に価値ネットワークが確立するのです。

3.3 分断的イノベーションの脅威

産業が安定的に成長するうえで，多種多様な企業が「協働モード」に入れるようなテーマ（価値観）を明示してくれる，そのような価値ネットワークの存在はとても重要だといえます。しかし，顧客ニーズが流動的に変化したり，技術革新が起きたりする状況下において，既存の価値ネットワークが，そこに参加している企業に対して負の影響を及ぼすこともあります。

この点に関して，石井淳蔵は『マーケティング思考の可能性』という本において価値ネットワークのことを「強制力をもった均衡体系」と評しています。彼は「日々継続する売上や利益を稼ぐ行為自体がそうしたネットワークに埋め込まれているために，そしてまたそのネットワークの慣行に従うことで生存が保証されているために，そのネットワークを脱け出すことは容易ではない。ネットワークからの脱出や回避には，たぶん禁止的に高いコストを支払わなければならない」（p.131）と指摘して，価値ネットワークを形成する各企業が，既存の取引慣行に束縛されてしまう状況に対して注意喚起しています。

つまり，確立した価値ネットワークに加入している企業は，環境変化に対して注意深くないと，変化に適応できずに消滅する危険性が大きくなります。たとえば，図表7－7でガソリン自動車の価値ネットワークを例示しました。今後，自動車の「電動化」が進展すると，この図も大きく書き換えられます。消費者の間に「静かで加速力が強く排ガスを出さない」点を重視するニーズが大きくなれば，完成車メーカーは電気自動車の製造へと企業活動を変化させます。そうすると，図からエンジンの価値ネットワーク部分が丸ごと消えます。これは単に部品が消えるだけでなく，その部品メーカーの企業活動も不要になることを意味します。同様に，燃料タンクや変速機の価値ネットワークも消滅します。電動化は，これらの部品メーカーの生存を脅かす危機なのです。

一方，電動化しても生き残る部品の価値ネットワークがあります。タイヤは相変わらず使われます。電動車の特徴である静粛性や快適な車内空間へのニーズが高まれば，制振材・防音材やシートの役割は高まるため，これらの部品の価値ネットワークは逆に強化されるかもしれません。そして，自動車の入れ子構造の図に，蓄電池部品やモーター部品の価値ネットワークが新しく追加されるのも忘れてはならないでしょう。

さらに話を広げれば，完成車メーカーが主導する自動車の価値ネットワークそのものも存在が問われる可能性もあります。たとえば，世の中にシェアリングの風習が浸透して「モノの所有からサービスの利用へ」と消費者が生活様式を変化させるかもしれません。その場合は，図における家庭の入れ子構造から自動車の価値ネットワークは消え去り，代わりに「移動サービス」とでも名付けられる電気や水道の契約サービスのような新しい契約サービスの価値ネットワークが登場してもよいでしょう。

以上のように，顧客ニーズの大きな変化や，その変化に対応した技術革新によって既存の価値ネットワークが書き換えられます。これは，価値ネットワークに参加している当事者の企業から見れば，「書き換え」などという生易しいものではなく，生存の場所である価値ネットワークを寸断・分断する事態です。このような事態のことを，クリステンセンは**分断的イノベーション**（disruptive innovation）と呼んでいます。

クリステンセンの『イノベーションのジレンマ』という本では，既存の価値ネットワーク内で繁栄した有力企業が，分断的イノベーションに直面して没落していった数々の事例が紹介されています。そもそも既存の顧客ニーズを的確に捉えて対応することができ，既存の価値ネットワークと企業活動が強固に適合していたからこそ成長・繁栄できたのが有力企業です。たとえば，ものづくりを得意とする自動車メーカーは，ものづくり能力から最も効率的に儲けられる企業活動を構築済みであるため，彼らが経験不足で不慣れなシェアリング・サービスから得られる収益性は相対的に見劣りして魅力を感じないでしょう。それゆえ，既存の「確実に儲かる」コンテキストが一変するような分断的イノ

ベーションに対して，有力企業が自ら積極的に取り組む利点はありません。

ところが，そうして油断しているうちに，部外者が引き起こす分断的イノベーションにより，生活基盤であった価値ネットワークを壊されてしまう危機に既存企業は直面します。そこに，価値ネットワークにおける既存の有力企業の「ジレンマ」があるといえます。

4．本章のまとめ

企業の経営現象は，「体」と「用」と「相」に区分できると，廣田俊郎が著書で述べています。ここでいう「体」とは，実体や構造のことであり，事業やポジションを表します。「用」とは，機能のことであり，プロセスや活動を表します。「相」とは，アーキテクチャやコンフィギュレーションのことであり，現実に現れる様々な姿（相貌）のことを意味しています。つまり，企業がもつ経営資源は「体」ですが，組織能力は「用」と分類できます。「体」は「用」を必要とし，また「用」によって「体」が形づくられるという関係があります。その結果，様々なバラエティが形成されて，それが「相」となると考えられます。彼によれば，「体」と「用」がペアになったものがシステムであり，そのシステムには，いろいろな「相（姿）」が見られるとのことです。

この3つの要素を総合的に捉えることが，経営現象の理解において大切です。しかし，どちらかというと本章では，「用」に区分される企業の「活動」を議論の中心に据えて見てきました。「用」によって「体」が形づくられる側面が，本章の解説の大半を占めていたと思います。

第1に本章では，新産業の立ち上げに苦労した先駆者たちの取り組みについて，動学的取引コストの視点から解説しました。事業の新規性が高いほど，事業活動で使用する経営資源を社外から市場調達することは困難になり，結果的に企業は組織的な垂直統合を通じて自前で資源を開発・育成・内製せざるを得ない状況（動学的取引コストが高い状況）になることを説明しました。

また，新規事業の立ち上げ時には，サプライチェーンの構築に関わる問題と

同時に，アダプションチェーン・リスクにも注意を向ける必要性を指摘しました。新製品／新サービスが最終顧客の手に届くまでの間に介在する，協力業者や中間顧客の評価と受容を獲得することの重要さがわかりました。

　第2に，独立的な経済主体どうしが協調していく論理について，リチャードソンの考えをもとに整理しました。経済的な「活動」が組織化されることで産業が成り立っていると彼は見なします。とくに彼は，活動を「同類の活動」と「異質な活動」と「相補的な活動」に3分類して考えます。そのうえで，「異質な活動」であるが「緊密に相補的な活動」どうしを協調させる必要があるときに「協働モード」が採られることが示されました。

　第3に，企業の内部へと目を向けて，「活動」ベースで経営組織を捉えるという事業戦略論の考えを紹介しました。代表例として，ポーターが提唱したバリュー・チェーンによる活動分析と，スタベルとフィエルスターが提案したバリュー・ショップによる活動分析の2つを取り上げました。前者は製造業に適合的な分析枠組みであり，後者はサービス業に適合的な分析枠組みでした。

　また，個別の資源や活動の単なる寄せ集めではなく，それらを事業戦略と有機的に関連づけることで他企業には簡単に模倣できないような活動システムを構築すべきだというポーターの考えを紹介しました。さらに，彼の活動システム・マッピングを改良した，根来の差別化システムの図を提示しました。この図により，企業の差別化点を実現可能にしている諸活動と諸資源の組み合わせが明確化されて，事業戦略を理解・分析しやすくなることが分かりました。

　第4として，クリステンセンらが提起した価値ネットワークの概念を紹介しました。価値ネットワークの図では，製品システムを構成している部品のサブ・システムを入れ子状の階層構造として表示します。これは製品システムの構造図であると同時に，その背後に存在する企業間の関係性を示すものです。つまり，原材料部品の供給業者，それらを製品生産に使用する企業，最終製品の消費者へと連なる取引関係に関わるコンテキストが明示されました。

　そして，企業活動を取り巻くコンテキストである価値ネットワークが，その中に参加している企業の意思決定や行動を束縛してしまう側面があることも指

摘しました。とくに分断的イノベーションが発生したときには，価値ネットワーク内の有力企業であるほど，その影響を強く受けて，将来的に生存の危機に直面しやすいという点について説明しました。

本章の冒頭で見たように，新しく事業を立ち上げようとする企業は，動学的取引コストを克服しながら，サプライチェーンとアダプションチェーンを構築します。それは，価値ネットワークを形成することと同意義だとみなせます。いったん価値ネットワークが確立すれば，そのコンテキストの下で最も効率的な活動システムを構築できた企業が有力企業になります。しかし，再び別の起業家が，次の新規事業につながる新たなコンテキストを提示して分断的イノベーションを引き起こすと，既存の有力企業は衰退し始めます。

こうして見ると，以上で紹介した各議論は大局的につながっているのです。

終章 活動価値受容者ネットワーク(AVAN)

AVAN : Activity-Value Acceptors' Network

1．デマンド・サイド経営学の構想

　自社の製品／サービスに対して，お金を払ってくれるのは「顧客」であるはずなのに……，「競合他社」の行動にばかり注意を向けて分析を展開する『競争戦略論』，「ものづくり」と称して供給者側の都合ばかりに目を向ける『製品開発論／生産管理論』，そして「組織構造」の設計を経営管理者のコントロールしやすさという観点から提案する『経営組織論』などが，経営学分野のテキストとして勉強でよく利用されていると思います。

　しかし，製品／サービスの受取手である「顧客」の存在を忘却しがちなこれらの議論は，「経営」の実情と相容れないように感じます。日々，顧客の「ご愛顧」を獲得して維持することで食い扶持をつないでいる実務家たちは，「顧客」が主人公として登場しない経営論に，きっと違和感を覚えるでしょう。本書の目的のひとつは，この違和感をぬぐい去ることにありました。

　従来，サプライ・サイドに重心を置きすぎた経営論，すなわち「企業主語」で語る生産者・供給者視点からの経営論を見直すため，本書では，あえてデマンド・サイドの顧客視点に徹底的にこだわった見方で，企業活動を読み解いていきたいと考えました。受容者である顧客の視点から，今一度，経営戦略論，経営組織論，製品開発論，生産管理論などの経営学を見直してみました。各理論を受容者視点から再解釈して解説していくことで，薄れがちだった「顧客」の影を，より濃く反映させたかったのです。受容者側の視点に立った**デマンド・サイド経営学**を構想していくことが，今後の大きな課題だと思います。

2．価値主義と活動ベースで経営を考える

　本書の序章において，デマンド・サイド視点からの企業活動をイメージした私の素朴な考えを図表序－1として提示しました。本書の各章の記述を踏まえて図を更新すると，図表終－1として描きなおされます。企業を活動の束として捉える活動システムの考えと，企業間の関係性を入れ子状の階層構造として捉える価値ネットワークの考え，そして価値は生産されるのではなく共創されるとするS-Dロジックの考え方から，とくに影響を受けて図を描き直しています。

　私は，図表終－1が表現している企業活動のイメージのことを，活動価値受容者ネットワーク（AVAN：Activity-Value Acceptors' Network）と名付けています。この図を参照しながら，本書の議論を結論的に整理していきましょう。

2.1　製品／サービスに「価値」は内蔵されていない

　第1章と第2章と第3章で見たように，本書でいう「価値」は主に「使用価値」として考えることができます。使用価値は，顧客（受容者）が存在しなければ姿を現しません。使用価値は，顧客が自身の活動の中で製品／サービスを使用しているときに，認知便益として発生するのでした。図表終－1は，顧客の活動の中で製品／サービスが受容・利用される中で価値が発生する点を示しています。

　顧客は，製品／サービス（および生産企業）とともに，使用価値を「共創する」のでした。企業は，事実上バリュー・プロポジションをすることしかできません。つまり，あらかじめ価値を内蔵した製品／サービスを企業は生産できると想定するG-Dロジックは当てはまらないと考え，企業は顧客とともに価値を共創していくのだと考えるS-Dロジックの世界観を，本書は採用します。S-Dロジックは，デマンド・サイド視点の支柱になりえます。

　20世紀初頭に，利潤追求を原則とする営利企業が支配的になった産業体制を

終章　活動価値受容者ネットワーク（AVAN）　165

【図表終－1】

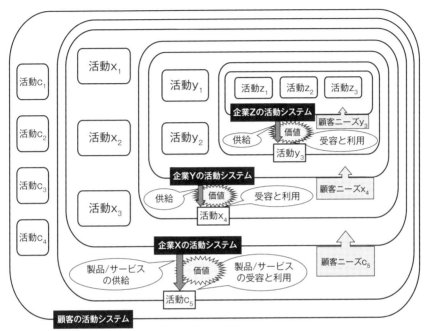

出所）筆者作成

考察したヴェブレン（Veblen, T.）は，その著書で興味深いことを述べています。彼によると，営利企業が日常生活を支配するようになる以前において，社会の繁栄を評価する指標は，十分に多くの生活手段を容易にかつ確実に供給できるかどうかでした。しかし，営利企業が中心的な産業体制になって以降は，社会の繁栄を評価する指標は，「価格の問題」（現代風に捉えると株価の問題に相当）になったといいます。旧体制の下では，物資不足（高価格を招く）は窮乏や飢餓を意味していたため，その社会の各種の仕事が，はたして社会の必要物を十分に供給できる能力を持つかどうかが問題とされていました。それが新体制の下では，逆に（供給過多などを原因とする）低価格が多くの場合に窮乏を意味しているのだと指摘しています。つまり，営利企業が支配的な社会では，何よりも高価格・高利潤が重要だとされ，企業の繁栄が社会の繁栄と同一視さ

れます。

　しかし，このような営利原則に支配された企業活動は，本書の観点からすればサプライ・サイドに偏る考えだといえます。むしろ，旧体制の下で重視された「社会的な必要物を充足させる」発想が，デマンド・サイド視点でしょう。

　現代のブロックチェーンをはじめとする最新ITを実務家の立場から考察した佐藤航陽の『お金2.0』という本でも，利潤のみを徹底追求する事業は将来的に時代遅れになるだろうと推測されています。彼は，お金を中心とする資本主義から，価値を重視する価値主義へ移行するはずだと主張します。お金が価値を媒介する唯一の手段であった「独占的地位」を返上しつつあるといいます。

　「人気のあるYouTuberほど，お金を失うことは怖くないが，ファンやチャンネル登録者を失うのは怖いと言います。これはYouTuberが，自分の価値は動画を見てくれるファンの人たちからの『興味』・『関心』であり，お金はその価値の一部を変換したものに過ぎないということをよく理解しているからだと思います。彼らにはファンやユーザーからの興味・関心という精神的な価値を最大化することが最も重要になります」（p.165）と，佐藤は述べています。

　時代は，使用価値を中心とするデマンド・サイド視点を企業経営の中に取り込むことを要請しているようです。

2.2　製品／サービスの「流動性」を確保・維持する

　本書でいう「顧客」とは，仕事の成果の受取手（受容者）のことであり，最終消費者だけが「顧客」ではありませんでした。たとえば，事務部門であれば，日常的な事務作業の受容者である上司や同僚たちが顧客ですし，研究開発部門であれば，開発成果の受容者である製造や販売などの他部署が顧客となります。また，部品や原材料を納入している社外の協力企業から見れば，社内の生産部門が顧客の立場になります。

　企業活動は，社内外で遂行されているいくつもの「活動」が次々と関係者間で「受容」されていくことで成立し，最終消費者によってその産出物が「受容」されることで完遂するのです。たとえば，図表終－1に示される顧客の活

動c_5は企業Xによって提供される製品／サービスを受容・利用して最終的に成立しています。このとき企業Xは活動x_1〜x_4を行って顧客向けに製品／サービスを産出しますが，活動x_4に関しては企業Yから供給を受ける顧客の立場です。同様に，企業Yは活動y_3に関して企業Zの産出物を受容することで自身の活動システムを構築しています。ちなみに，この図では企業間取引を強調して描きましたが，社内の各部門，たとえば活動x_1・活動x_2・活動x_3の内部にも社内的な下位活動の入れ子構造が存在していると想像してください。

　受取手（顧客）が活動の成果を「受容」したとき，はじめて活動の「価値」が生じます。誰も受容しない活動は，それにどれだけ時間や労力を費やしたとしても，無価値なものでしかありません。誰も受容しない活動ばかりしていれば，従業員だったらクビになりますし，企業だったら顧客を得られずに倒産するでしょう。顧客に「受容」されて，「価値」を発生させるような「諸活動の連鎖」を確立して維持していくことが，企業にとって不可欠だといえます。つまり，4章で取り上げたように，「顧客の受容可能性」を高めて製品／サービスの「流動性」を確保・維持することが，企業にとっての課題となるのでした。

　マスビアウ（Madsbjerg, C.）とラスムセン（Rasmussen, M. B.）は，顧客の受容可能性を高める企業活動を牽引していく人物は，**センスメーカー**としての役割を果たせるリーダーだと著書で述べています。この**センスメーキング・リーダー**の最重要なスキルは，気遣い（care［英］／ sorge［独］）だと，彼らは言います。それは「気にかけること」と「注意深いこと」を同時に意味し，この気遣いは，適切な状況におかれるときに表出します。気遣いを生み出すいくつかの方法として，彼らは次のようなものを挙げています（pp.168-169）。

● 自らが自社製品の消費者になり，顧客の視点に身を置いてみる。顧客が行く場所に行き，自社によって提供されるサービスを感じ取る。
● 社内の現場（フロア）で数日間過ごし，異なる職位で仕事をしてみる。
● 組織横断的に人々と会い，彼らが仕事を楽しむときに何をしているかについて話し合う。人々にとって何が重要な問題であるのか観察する。

- 顧客や従業員たちが読んでいる本や雑誌やブログを読む。彼らが参加するイベントに出席し，彼らの行動を突き動かすものを感じ取る。
- 会社にとって従業員の誰がとても特別な存在かを人々に尋ねる。

　このようにセンスメーキング・リーダーは，自身を彼ら（顧客／受容者）の世界の中に引き込む気遣いスキルを持ち合わせています。気遣いスキルを効果的に発揮することができれば，自社の製品／サービス（諸活動）が顧客によってどのように意味づけられて受容されているのかを理解しやすくなるはずです。またセンスメーキング・リーダーは，気遣いスキルにもとづいて，社内外の異なる世界（それぞれの専門部門どうし）を連鎖させる能力をもつと考えられています。

2.3 顧客の受容を実現させる「プロセス」をもとに 組織をつくる

　図表終－1では，それぞれの企業活動を方向づける圧力として「顧客ニーズ」の存在を示しています。企業Xの活動システムは顧客ニーズc_5により方向づけられ，企業Yの活動システムは企業Xの顧客ニーズx_4により方向づけられ，さらに企業Zの活動システムは企業Yの顧客ニーズy_3により方向づけられるという，一連の関係性があります。しかし，このとき企業Zは，業界全体の連鎖を見渡して，最終顧客のニーズc_5をおそらく理解できていないはずです。もちろん，理想的にはすべてのニーズを理解できれば良いのですが，認知限界があるため現実的には不可能です。それゆえ，企業Zは直接的に取引関係を持つ企業Yの顧客ニーズy_3だけをしっかり理解することに努めるでしょう。

　各企業はそれぞれの専門において分業しています。各企業の活動システムは，直接的な関係をもつ顧客の受容を実現させるという観点から編成されています。つまり，業界全体で集権的に計画が立てられて活動するような仕組みではなく，各企業がそれぞれの現場で直接的な顧客ニーズに基づいて分権的に活動内容を調整していくという仕組みが，そこで採用されていると考えられます。

終章　活動価値受容者ネットワーク（AVAN）　**169**

　このような分権的な構造のもとで，顧客に受容される成果を生み出すためには，第5章で見たようにプロセス中心型組織を企業は編成するのでした。ハマーの考えによれば，部門別の組織構造を表す組織図は廃止して，顧客の「片づけるべきジョブ」を能率的に処理できるように，企業は「プロセス」を意識的に認識して名前をつけ，プロセス・マップを作成して持つべきだという話でした。

　図表終−1はプロセス・マップではありませんが，企業境界や社内部門の壁にとらわれずに，企業が遂行しているプロセスを**活動ベース**で表現しています。この活動価値受容者ネットワーク（AVAN）の図は，トンプソン（Thompson, J. D.）が『行為する組織』という本の中で思い描いている「組織」を図表化したものに近いのではないかと思われます。彼は，「必要ないくつかの行為（action）の流れの結び目（nexus）」として組織を見なしています。同書を解説した高橋伸夫の論考によれば，「ランダムではない筋の通った合理的な行為の中に，組織を見いだす」という組織観をトンプソンは提示しています。AVANも同様に，「顧客の受容可能性」をひとつの基準に据えながら合理的に各種の活動要素を結びつけているので，似ているといえるでしょう。

　さらにトンプソンは，「流れのいくつかは変動し，かつ移動しているので，その結び目自体も移動する」（p.211）と述べています。ワンショットとして現時点において有効に機能している「諸活動の流れの結び目」を浮かび上がらせたのが，ひとつのAVAN図です。しかし，その後も「顧客の受容可能性」を企業として継続的に追いかけるのであれば，顧客ニーズの変化に呼応してAVANを構成する諸活動の種類や内容も変化していくはずです。仮に，既存顧客の「受容」の結節点が弱まったり途切れたりする箇所があれば，そこを修復したり別の新たな「受容」結節点を構築する活動を，企業は意識的に開始するでしょう。

　したがって，時系列的に複数のAVAN図を作成すれば，当該企業のAVANが動態的に変化していく様子，つまり「結び目の移動」を記述できるかもしれません。この点は今後の実証的な研究課題です。本書では，トンプソンの「組

織」をAVANの枠組みで分析できるかもしれないという指摘に留めておきます。

2.4 企業目的と明快なルールが諸活動を秩序化する

本書でいうデマンド・サイド視点は，市場志向（market-oriented）ではありますが，顧客従属（customer-led）ではありません。この2つの概念的な違いをスレイター（Slater, S. F.）とナーバー（Narver, J. C.）は，次のように説明しています。主に顕在化した顧客ニーズを満足させることにのみ関心を向けて，短期的な視点から受動的・適応的に活動するのが，顧客従属の企業です。それに対して，顕在化した顧客ニーズを超越して潜在的な顧客ニーズをとらえ，長期的な視点から顧客価値を高めようと能動的にふるまうのが，市場志向の企業です。

確かにデマンド・サイド視点は，製品／サービスの受取手である顧客の受容可能性を獲得することをめざしますが，その活動はあくまでも顧客にとっての使用価値を向上させるようなバリュー・プロポジションが中心になります。つまり，彼らの分類でいう市場志向に相当するといえるでしょう。

表面的な顧客ニーズに振り回されて適応的に行動してしまう顧客従属の企業にならないようにするためには，第6章で見たように，その企業の「目的」を明確に持つことでしょう。企業目的が，明確に設定されて全社的に共有されていれば，分権的な調整を徹底するホラクラシーのような自主管理型組織においても多種多様な諸活動がバラバラに動き回ることもなくなるのでした。

また，ハイエクは「人間は目的を追求する動物であるとともにルールにしたがう動物でもある」（p.19）と，ルールと秩序の関係性を論じた本で述べています。彼は，何世代にもわたって人間の経験の中で実践され，その有用さを証明されたルールが堆積して社会を下支えしているから，人間社会は発展できたのだといいます。ルールは，企業の諸活動を導くうえでも，重要です。

実際，立憲主義経営として第6章で紹介したホラクラシーは，ルール（憲法）に従ってガバナンス・プロセスを実行していました。社内で「ひずみ」を感知したら，それをルールに則って解消していくことが，各現場の「役割」担

当者たちに求められていました。こうして常に現場の人間が，顧客の受容可能性に関わる変化が引き起こす「ひずみ」を敏感に感知して解消できれば，継続的に企業の「産出物の流動性」を一定レベルに維持できるでしょう。つまり，単純で明快なルールの存在が，企業内の様々な活動を秩序化すると考えられます。

　図表終−１の活動価値受容者ネットワーク（AVAN）は，図の中に明記されていませんが，企業の目的とルールが背後に確固として存在している状況下で成立するのです。そして，AVANは活動ベースの現象ですから，常に動いています。ロー（Law, J.）が『*Organizing Modernity*』という本で述べたように，社会には完成形の秩序（order）＝名詞は存立しえず，常に進行形の秩序化（order*ing*）があるのみです。だから彼は，動詞の社会学を提案しています。これに倣っていえば，本書のAVANとデマンド・サイド視点は，動詞の経営学なのです。

3．将来的な課題

　本書で提起している活動価値受容者ネットワーク（AVAN）は，デマンド・サイド視点を強調するあまり，受取手としての顧客しか見ていません。それゆえ，明白な死角があります。企業の経営において考慮すべきは，「顧客」のほかにも「自社」と「競合企業」が存在します。

3.1　「自社」の分析について

　活動価値受容者ネットワーク（AVAN）では，社内の活動システムを分析対象にしているため，ある程度は「自社」に関しても言及しています。しかし，その活動を実行可能にしている各種の経営資源（リソース）や能力（ケイパビリティ）についての分析まで踏み込んだ議論は，現状のAVANに期待できません。今後は，リソース・ベース戦略論やダイナミック・ケイパビリティ論における知見とAVANを接合する必要性があるでしょう。

ダイナミック・ケイパビリティ（DC）とは，組織がその資源ベースを意図的に創造・拡張・修正する力量のことを意味します。ヘルファット（Helfat, C. E.）らの本によれば，企業のDCの有無や強弱は，「テクニカルな適合度」と「進化的な適合度」によって確認できるといわれています。AVANは，両方の適合度を把握するときに活用できると思います。

たとえば，特定の一時点におけるAVAN図を描くことで，その事業では「産出物の流動性」が適切に確保されているのかどうかがわかります。これはすなわち，当該企業の保有する資源ベースが顧客の使用価値（つまり，顧客による産出物の受容）を生み出すかたちで有効に利用されているのかを問う「テクニカルな適合度」を図上で結果的に示すものであると解釈できます。

さらにまた，複数時点におけるAVAN図を作成し，それらの歴史的な変化を図示することができれば，当該企業の過去における「進化的な適合度」を確認できるでしょう。つまり，環境変化（とくに「顧客の受容可能性」の変化）に対して，企業が事業の活動要素の連鎖をどのようにして組み替えてきたのか，そのパターンを図上で確認できるかもしれません。このようにAVANは，DCの分析ツールとして発展させる余地があると思います。

3.2 「競合企業」の分析について

「競合企業」は，活動価値受容者ネットワーク（AVAN）の明白な死角になります。デマンド・サイド視点のAVANでは，顧客の使用価値に注目して，企業と顧客の価値共創を前提に考えます。あくまでも企業と顧客の二者関係であり，そこに第三者として競合企業を入れた関係性は想定外になっています。

しかしながら，一社独占企業は一般的な業界では珍しく，むしろ複数の企業が同一業界の中で競争しているのが現実です。したがって，同じ顧客を相手に価値共創している企業が，実は自社以外にも存在しているわけです。当然，自社は顧客を相手にすぐれたバリュー・プロポジションをします。競合相手も同様に，彼らなりにすぐれたバリュー・プロポジションをします。そこで顧客は，最も好ましいと自ら思えるプロポジションを選択・採用します。この競争的な

プロセスが何回も繰り返されることで，当該業界全体として，製品／サービスの品質・性能が高まり，顧客の使用価値がさらに向上していきます。

このように顧客を媒介者にして，複数の企業が価値実現競争を繰りひろげた結果から生み出される業界標準的な製品／サービスの使用価値のことを，かつて石原武政は，著書の中で競争的使用価値と名付けました。

ちなみに，競争的使用価値が創出された代表的な業界として，20世紀末に急速に発展した日本の電卓産業の事例があります。沼上幹らの「対話としての競争」という論考では，シャープとカシオが互いにライバルとして電卓の新製品開発競争を展開した経緯が詳細に報告されています。一般に，競争というと強者が弱者を駆逐する淘汰が強調されます。しかし，ライバル同士の健全な競い合いは，顧客の反応に媒介されて，企業が相互に学習して新しい知識を獲得する機会をもたらします。この競争を「対話」だと，彼らは解釈したのです。

やはり残念ながら，現状のAVAN図ひとつでは，競争的使用価値を生み出すような「対話としての競争」を表現することは困難です。複数の企業のAVAN図を描いて，さらにそれらのAVAN図の時系列的な変化を記録して図を更新していくような分析作業が求められるでしょう。

しかし，本書で言いたかったことは，これまでサプライ・サイド視点に偏っていた経営論をデマンド・サイド視点へと反転させて見直すことです。自社に対して一銭もお金を払ってくれない競合企業を気にかけるよりも，喜ばせることができればたくさんの見返りをもたらしてくれる顧客を重視するのは合理的だと，私は思うのです。

3.3　内部から生起する終わりのない変化

進化経済学の源流的な諸理論を論評している井上義朗の著作の中に「われわれには，経済を『つくった』という自覚はない。われわれひとりひとりは，気がついたときには，すでにそのどこかにはめ込まれていた存在であって，その全体のあり様を自分の方から，少なくとも簡単に変えられるとは思っていない。むしろできることと言えば，そのあり様を自分の位置から解釈するぐらいのこ

とでしかない」（p.195）という記述があります。

　あなたが起業家や創業経営者でない限り，この記述中の「経済」を「企業」あるいは「活動価値受容者ネットワーク（AVAN）」に置き換えても，意味が了解できるのではないでしょうか。現代日本の社会においては，大半の人々が被雇用者として働いています。既存の企業やそれを包含するAVANは，その内部に「はめ込まれた」人間からすれば，「変えにくい」対象として認識されても不思議ではありません。実際，いったん制度的に確立した活動システムの連鎖（社内と社外の取引関係を含むAVAN）は，安定的に見えることもあるでしょう。

　しかし，そのようなシステムも内生的に変化するのだと，井上は言います。「現在」の既存システムは，「過去」の偶然な現実を抱え込んで形成されたものであり，唯一無二のものです。だから「未来」もまた固有の姿をもつはずだと，彼は指摘します。内生的で終点のない変化が，経済システムの常態なのです。

　私は，彼のいう進化経済学的なシステム変化のイメージがAVANに対しても適合するのではないかと考えています。AVANの中では，人々によって日々新たな活動が行われています。個々の変化は小粒でも，その継続的蓄積がAVANの姿を変貌させます。優れたAVANは，自己革新能力をもつと信じています。

【参考文献】

序章

井上理（2009）『任天堂："驚き"を生む方程式』, 日本経済新聞出版社.

大前研一（2007）吉良直人訳, 『大前研一 戦略論：戦略コンセプトの原点』, ダイヤモンド社.

リドー, D.（2015）山内あゆ子訳, 『プリンストン大学の起業の教科書』, 日本能率協会マネジメントセンター.

第1章

オルレアン, A.（2013）坂口明義訳, 『価値の帝国：経済学を再生する』, 藤原書店.

オーレット, B.（2014）月沢李歌子訳, 『ビジネス・クリエーション！：アイデアや技術から新しい製品・サービスを創る24ステップ』, ダイヤモンド社.

ジンメル, G.（2016）居安正訳, 『貨幣の哲学』［新訳版］《新装復刊》, 白水社.

田中洋（2016）「ブランド戦略論の原理：第5回 交換と価値」, 『書斎の窓』, 645（2016年5月）, 52-56.

ドラッカー, P. F.（1974）野田一夫, 村上恒夫監訳, 風間禎三郎訳, 『マネジメント：課題・責任・実践』［上巻］, ダイヤモンド社.

マキナニー, F.（2014）倉田幸信訳, 『日本企業はモノづくり至上主義で生き残れるか：「スーパー現場」が顧客情報をキャッシュに変える』, ダイヤモンド社.

松原隆一郎（2016）『経済思想史入門』, ちくま学芸文庫.

マルクス, K.（2011）中山元訳, 『資本論：経済学批判 第1巻』《I》, 日経BP社.

マーン, M. V., ログナー, E. V., ザワダ, C. C.（2005）山梨広一, 菅原章監訳, 村井章子訳, 『価格優位戦略：高価格で収益を最大化する実践シナリオ』, ダイヤモンド社.

湯之上隆（2012）『「電機・半導体」大崩壊の教訓』, 日本文芸社.

Humphreys, A. & Grayson, K. (2008). The intersecting roles of consumer and producer: A critical perspective on co-production, co-creation and prosumption. *Sociology Compass, 2*（3）, 963-980.

Montgomery, C. A. (2012). *The strategist: Be the leader your business needs.* London: Collins.

第2章

出雲充（2016）「未知の価値を売り込む：「ゼロ・トゥ・ワン」の交渉術」，『DIAMONDハーバード・ビジネス・レビュー』，*41*（5），64-70.

オスターワルダー，A., ピニュール，Y., バーナーダ，G., スミス，A.（2015）関美和訳，『バリュー・プロポジション・デザイン：顧客が欲しがる製品やサービスを創る』，翔泳社.

クリステンセン，C. M., ホール，T., ディロン，K., ダンカン，D. S.（2017）依田光江訳，『ジョブ理論：イノベーションを予測可能にする消費のメカニズム』，ハーパーコリンズ・ジャパン.

グルンルース，C.（2013）蒲生智哉訳，『北欧型サービス志向のマネジメント：競争を生き抜くマーケティングの新潮流』，ミネルヴァ書房.

グレイ，D., ウォル，T. V.（2013）牧野聡訳，『コネクト：企業と顧客が相互接続された未来の働き方』，オライリー・ジャパン.

ドゥロネ，J-C., ギャドレ，J.（2000）渡辺雅男訳，『サービス経済学説史』，桜井書店.

藤川佳則，阿久津聡，小野讓司（2012）「文脈視点による価値共創経営：事後創発的ダイナミックプロセスモデルの構築に向けて」，『組織科学』，*46*（2），38-52.

本田宗一郎（2001）『本田宗一郎　夢を力に：私の履歴書』，日経ビジネス人文庫.

ラッシュ，R. F., バーゴ，S. L.（2016）庄司真人，田口尚史訳，『サービス・ドミナント・ロジックの発想と応用』，同文舘出版.

Christensen, C. M., Anthony, S. D., Berstell, G., & Nitterhouse, D. (2007). Finding the right job for your product. *MIT Sloan Management Review, 48*（3），38-47.

Holbrook, M.（ed.）(1999). *Consumer value: A framework for analysis and research.* London: Routledge.

Kowalkowski, C. (2011). Dynamics of value propositions: Insights from service-dominant logic. *European Journal of Marketing, 45*（1/2），277-294.

Vargo, S. L., & Lusch, R. F. (2008). From goods to service（s）: Divergences and convergences of logics. *Industrial Marketing Management, 37*, 254-259.

Vargo, S. L., & Lusch, R. F. (2016). Institutions and axioms: An extension and update of service-dominant logic. *Journal of the Academy of Marketing*

参考文献　**177**

Science, 44, 5-23.

Vargo, S. L., & Lusch, R. F. (2017). Service-dominant logic 2025. *International Journal of Research in Marketing, 34*, 46-67.

第3章

アグリエッタ, M ., オルレアン, A. 編（2012）中野佳裕, 中原隆幸訳,『貨幣主権論』, 藤原書店.

アンダーソン, C.（2016）高橋則明訳,『フリー：〈無料〉からお金を生み出す新戦略』[ペーパーバック版], NHK出版.

アントノプロス, A. M.（2016）今井嵩也, 鳩貝淳一郎訳,『ビットコインとブロックチェーン：暗号通貨を支える技術』, NTT出版.

加護野忠男（2016）「松下幸之助：企業理念を"シンプルな戦略に翻す"名人」,『ダイヤモンド クォータリー』, *2*（2016年冬号）, p. 3.

コイル, D.（2015）高橋璃子訳,『GDP：〈小さくて大きな数字〉の歴史』, みすず書房.

國領二郎（2013）『ソーシャルな資本主義：つながりの経営戦略』, 日本経済新聞出版社.

國領二郎（2017）「トレーサビリティとシェアリングエコノミーの進化」,『研究 技術 計画』, *32*（2）, 105-116.

小島寛之（2017）「ブロックチェーンは貨幣の本質か」,『現代思想』, *45*（3）, pp. 90-99.

スンドララジャン, A.（2016）門脇弘典訳,『シェアリングエコノミー：Airbnb, Uberに続くユーザー主導の新ビジネスの全貌』, 日経BP社.

セドラチェク, T.（2015）村井章子訳,『善と悪の経済学：ギルガメシュ叙事詩, アニマルスピリット, ウォール街占拠』, 東洋経済新報社.

タプスコット, D., タプスコット, A.（2016）高橋璃子訳,『ブロックチェーン・レボリューション：ビットコインを支える技術はどのようにビジネスと経済, そして世界を変えるのか』, ダイヤモンド社.

マリンズ, J., コミサー, R.（2011）山形浩生訳,『プランB：破壊的イノベーションの戦略』, 文藝春秋.

ブリニョルフソン, E., マカフィー, A.（2015）村井章子訳,『ザ・セカンド・マシン・

エイジ』, 日経BP社.

ボッツマン, R., ロジャース, R.（2010）関美和訳,『シェア：「共有」からビジネスを生みだす新戦略』, 日本放送出版協会.

ポランニー, K.（2003）玉野井芳郎, 平野健一郎編訳,『経済の文明史』, ちくま学芸文庫.

村上隆（2006）『芸術起業論』, 幻冬舎.

リフキン, J.（2015）柴田裕之訳,『限界費用ゼロ社会：〈モノのインターネット〉と共有型経済の台頭』, NHK出版.

Benkler, Y. (2004). Sharing nicely: On shareable goods and the emergence of sharing as a modality of economic production. *Yale Law Journal, 114*（2）, 273-358.

Nakamoto, S. (2009). *Bitcoin: A peer-to-peer electronic cash system.*［http://www.bitcoin.org./bitcoin-pdf］

第4章

イアンシティ, M., レビーン, R.（2007）杉本幸太郎訳,『キーストーン戦略：イノベーションを持続させるビジネス・エコシステム』, 翔泳社.

石川馨（1984）『日本的品質管理』［増補版］, 日科技連出版社.

岩田佳久（2016）「グローバル「金融化」の時代の金融バブルをめぐるBIS viewとFed view」, 柴田德太郎 編著,『世界経済危機とその後の世界』, 5章（pp. 193-233）, 日本経済評論社.

ウォード, A. C., ソベック, D. K.（2014）稲垣公夫訳,『リーン製品開発方式：トヨタが実践する価値創造の確かな進め方』, 日刊工業新聞社.

大野耐一（1978）『トヨタ生産方式：脱規模の経営をめざして』, ダイヤモンド社.

小川進（2000）『ディマンド・チェーン経営』, 日本経済新聞社.

奥出直人（2013）『デザイン思考の道具箱：イノベーションを生む会社のつくり方』, ハヤカワ・ノンフィクション文庫.

クスマノ, M. A., セルビー, R. W.（1996）山岡洋一訳,『マイクロソフト・シークレット』＜上＞,＜下＞ 日本経済新聞社.

佐々木眞一（2014）『自工程完結：品質は工程で造りこむ』, 日本規格協会.

佐々木眞一（2015）『トヨタの自工程完結：リーダーになる人の仕事の進め方』, ダイヤモンド社.

ジョンソン, H. T., ブルムズ, A.（2002）河田信訳,『トヨタはなぜ強いのか：自然生命システム経営の真髄』, 日本経済新聞出版社.

鈴村尚久（2015）『トヨタ生産方式の逆襲』, 文春新書.

デル, M.（2000）吉川明希訳,『デルの革命：「ダイレクト」戦略で産業を変える』, 日経ビジネス人文庫.

バーガー, S., MIT産業生産性センター（2006）楡井浩一訳,『グローバル企業の成功戦略』, 草思社.

ファーガソン, N.（2015）仙名紀訳,『マネーの進化史』, 早川書房.

藤本隆宏, クラーク, K. B.（2009）田村明比古訳,『製品開発力：自動車産業の「組織能力」と「競争力」の研究』[増補版], ダイヤモンド社.

ブランク, S. G.（2016）堤孝志, 渡邉哲訳,『アントレプレナーの教科書：シリコンバレー式イノベーション・プロセス』[新装版], 翔泳社.

古川健介（2017）「人の好みはいまも昔も変わらない：曖昧さと複雑さがサービスのカギ」,『DIAMOND ハーバード・ビジネス・レビュー』, *42*（3）, pp. 68-77.

ホルウェグ, M., ピル, F. K.（2007）富野貴弘訳,『21世紀の自動車産業：受注生産による究極の車づくり』, 文眞堂.

モーガン, J. M., ライカー, J. K.（2007）稲垣公夫訳,『トヨタ製品開発システム』, 日経BP社.

門田安弘（2006）『トヨタ プロダクション システム：その理論と体系』, ダイヤモンド社.

湯之上隆（2012）『「電機・半導体」大崩壊の教訓』, 日本文芸社.

リース, E.（2012）井口耕二訳,『リーン・スタートアップ：ムダのない起業プロセスでイノベーションを生み出す』, 日経BP社.

Cooper, R. G.（2011）. *Winning at new products: Creating value through innovation.* (4th. ed.). New York: Basic Books.

Womack, J. P., Jones, D. T., & Roos, D.（1990/2007）. *The machine that changed the world.* New York, NY: Free Press.

第5章

アルバーツ, D. S., ヘイズ, R. E.（2009）安田浩監訳,『パワートゥザエッジ：ネットワークコミュニケーション技術による戦略的組織論』, 東京電機大学出版局.

オーウェル, G.（2009）高橋和久訳,『一九八四』［新訳版］, ハヤカワepi文庫.

サイモン, H. A.（2009）二村敏子, 桑田耕太郎, 高尾義明, 西脇暢子, 高柳美香訳,『経営行動：経営組織における意思決定過程の研究』［新版］, ダイヤモンド社.

ジョンソン, H. T., キャプラン, R. S.（1992）鳥居宏史訳,『レレバンス・ロスト：管理会計の盛衰』, 白桃書房.

ジョンソン, S.（2014）田沢恭子訳,『ピア：ネットワークの縁から未来をデザインする方法』, インターシフト.

ドラッカー, P. F.（2007）上田惇生訳,『ポスト資本主義社会』, ダイヤモンド社.

野口悠紀雄（2017）『ブロックチェーン革命：分散自律型社会の出現』, 日本経済新聞出版社.

パー, B.（2016）依田卓巳, 依田光江, 茂木靖枝訳,『アテンション：「注目」で人を動かす7つの新戦略』, 飛鳥新社.

ハイエク, F. A.（2016）村井章子訳,『隷従への道』, 日経BP社.

ハマー, M.（2002）福嶋俊造訳,『カスタマーエコノミー革命：顧客中心の経済が始まった』, ダイヤモンド社.

ブラフマン, O., ベックストローム, R. A.（2007）糸井恵訳,『ヒトデはクモよりなぜ強い：21世紀はリーダーなき組織が勝つ』, 日経BP社.

宮﨑康二（2015）『シェアリング・エコノミー：Uber, Airbnbが変えた世界』, 日本経済新聞出版社.

Coleman, J. M.（1990）. Rational organization. *Rationality and Society, 2*（1）, 94-105.

Drucker, P. F.（2006）. *The practice of management.* New York, NY: Collins.

Hammer, M.（1996）. *Beyond reengineering: How the process-centered organization is changing our work and our lives.* New York: Harper Business.

Hammer, M., & Champy, J.（2006）. *Reengineering the corporation: A manifesto for business revolution.* New York: Harper.

Hammer, M., & Stanton, S. A.（1995）. *The Reengineering revolution: A handbook.*

参考文献 **181**

New York: Harper Business.

Hayek, F. A.（1945）. The use of knowledge in society. *American Economic Review, XXXV*（4）, 519-530.

第6章

大森信（2015）「企業の戦略，組織，実践の関係性」『組織科学』, *48*（3）, 29-40.

ガスマン, O., フランケンバーカー, K., チック, M.（2016）渡邊哲，森田寿訳,『ビジネスモデル・ナビゲーター』, 翔泳社.

キム, W. C., モボルニュ, R.（2018）有賀裕子訳,『ブルー・オーシャン・シフト』, ダイヤモンド社.

紺野登, 目的工学研究所（2013）『利益や売上げばかり考える人は，なぜ失敗してしまうのか』, ダイヤモンド社.

サラスバシー, S. D.（2015）高瀬進，吉田満梨訳,『エフェクチュエーション：市場創造の実効理論』, 碩学舎.

正垣泰彦（2016）『サイゼリヤ：おいしいから売れるのではない 売れているのがおいしい料理だ』, 日経ビジネス人文庫.

ジョンソン, G., ラングレィ, A., メリン, L., ウィッティントン, R.（2012）宇田川元一, 高井俊次, 間嶋崇, 歌代豊訳,『実践としての戦略：新たなパースペクティブの展開』, 文眞堂.

デ・グース, A.（2002）堀出一郎訳,『企業生命力』, 日経BP社.

ドラッカー, P. F.（1974）野田一夫, 村上恒夫監訳, 風間禎三郎訳,『マネジメント：課題・責任・実践』[上巻], ダイヤモンド社.

バーンスタイン, E., バンチ, J., キャナー, N., リー, M.（2016）「ホラクラシーの光と影：“自主管理”の正しい導入法」『DIAMOND ハーバード・ビジネス・レビュー』, *41*（12）, pp. 10-28.

松井忠三（2013）『無印良品は，仕組みが9割：仕事はシンプルにやりなさい』, KADOKAWA.

マッキー, J., シソーディア, R.（2014）鈴木立哉訳,『世界でいちばん大切にしたい会社：コンシャス・カンパニー』, 翔泳社.

モーガン, M., レビット, R. E., マレク, W.（2012）後藤治, 小林暢子訳,『戦略実行：

立案から結果につなげるフレームワーク』, 東洋経済新報社.

養老孟司 (2018)『バカのものさし』, 扶桑社文庫.

吉田忠裕 (2014)「YKKが非上場を貫く理由」,『DIAMOND ハーバード・ビジネス・レビュー』, *39* (12), pp. 80-88.

ラルー, F. (2018) 鈴木立哉訳,『ティール組織：マネジメントの常識を覆す次世代型組織の出現』, 英治出版.

ロバートソン, B. J. (2016) 瀧下哉代訳,『ホラクラシー：役職をなくし生産性を上げるまったく新しい組織マネジメント』, PHP研究所.

Chia, R., & Holt, R. (2006). Strategy as a practical coping: A Heideggerian perspective. *Organization Studies, 27* (5), 635-655.

Hammer, M. (1996). *Beyond reengineering: How the process-centered organization is changing our work and our lives.* New York: Harper Business.

HolacracyOne (2015). *Holacracy constitution* (Ver. 4.1). [https://www.holacracy. org/wp-content/uploads/2015/07/Holacracy-Constitution-v4.1.pdf]

Jarzabkowski, P., & Kaplan, S. (2015). Strategy tools-in-use: A framework for understanding "technologies of rationality" in practice. *Strategic Management Journal, 36*, 537-558.

Johnson, G., Melin, L., & Whittington, R. (2003). Micro strategy and strategizing: Towards an activity-based view. *Journal of Management Studies, 40* (1), 3-22.

Mintzberg, H. (2007). *Tracking strategies: Toward a general theory.* New York, NY: Oxford University Press.

Montgomery, C. A. (2012). *The strategist: Be the leader your business needs.* London: Collins.

Paroutis, S., Heracleous, L., & Angwin, D. (2013). *Practicing strategy: Text and Cases.* London: SAGE.

Whittington, R. (2006). Completing the practice turn in strategy research. *Organization Studies, 27* (5), 613-634.

Wolfe, N. (2011). *The living organization: Transforming business to create extraordinary results.* Irvine, CA: Quantum Leaders Publishing.

参考文献　**183**

第7章

アドナー, R.（2013）清水勝彦監訳,『ワイドレンズ』, 東洋経済新報社.

石井淳蔵（2012）『マーケティング思考の可能性』, 岩波書店.

クリステンセン, C.（2000）伊豆原弓訳,『イノベーションのジレンマ：技術革新が
　　巨大企業を滅ぼすとき』, 翔泳社.

コース, R. H.（1992）宮沢健一, 後藤晃, 藤垣芳文訳,『企業・市場・法』, 東洋経済新
　　報社.

根来龍之（2014）『事業創造のロジック：ダントツのビジネスを発想する』, 日経BP
　　社.

廣田俊郎（2016）『企業経営戦略論の基盤解明』, 税務経理協会.

フォード, H., クラウザー, S.（2012）鈴木雄一訳,『自動車王フォードが語るエジソン
　　成功の法則』, 言視舎.

宮崎正也（2000）「価値ネットワーク」, 高橋伸夫編著,『超企業・組織論：企業を超
　　える組織のダイナミズム』, 17章（pp.183-192）, 有斐閣.

ラングロワ, R. N.（2011）谷口和弘訳,『消えゆく手：株式会社と資本主義のダイナ
　　ミクス』, 慶應義塾大学出版会.

ロバーツ, J.（2005）谷口和弘訳,『現代企業の組織デザイン：戦略経営の経済学』,
　　NTT出版.

Christensen, C. M., & Rosenbloom, R. S.（1995）. Explaining the attacker's
　　advantage: Technological paradigms, organizational dynamics, and the value
　　network. *Research Policy, 24*, 233-257.

Johnson, H. T.（1988）. Activity-based information: A blueprint for world-class
　　management accounting. *Management Accounting, 69*（12）, 23-30.

Langlois, R. N., & Robertson, P. L.（1995）. *Firms, markets and economic change:
　　A dynamic theory of business institutions*. London, UK: Routledge.

Porter, M. E.（1985）. *Competitive advantage: Creating and sustaining superior
　　performance*. New York: Free Press.

Porter, M. E.（2008）. *On competition*（Updated and expanded edition）. Boston,
　　MA: Harvard Business School Press.

Richardson, G. B.（1972）. The organisation of industry. *The Economic Journal, 82*

(327), 883-896.

Stabell, C. B., Fjeldstad, Ø. D. (1998). Configuring value for competitive advantage: On chains, shops, and network. *Strategic Management Journal, 19*, 413-437.

終章

石原武政（1982）『マーケティング競争の構造』, 千倉書房.

井上義朗（1999）『エヴォルーショナリー・エコノミクス：批判的序説』, 有斐閣.

ヴェブレン, T.（2002）小原敬士訳,『企業の理論』[新装版], 勁草書房.

佐藤航陽（2017）『お金2.0：新しい経済のルールと生き方』, 幻冬舎.

高橋伸夫（2013）「ランダムではない行為の中に組織を見出す：経営学輪講 Thompson（1967）」,『赤門マネジメント・レビュー』, *12*（4）, 327-348.

トンプソン, J. D.（2012）大月博司, 廣田俊郎訳,『行為する組織』, 同文舘出版.

沼上幹, 淺羽茂, 新宅純二郎, 網倉久永（1993）「対話としての競争：電卓産業における競争行動の再解釈」, 伊丹敬之, 加護野忠男, 伊藤元重編,『リーディングス日本の企業システム2：組織と戦略』, *1*章（pp. 24-60）, 有斐閣.

ハイエク, F. A.（2007）矢島鈞次, 水吉俊彦訳,『法と立法と自由Ⅰ：ルールと秩序』[新版], 春秋社.

Helfat, C. E., Finkelstein, S., Mitchell, W., Peteraf, M. A., Singh, H., Teece, D. J., & Winter, S. G. (2007). *Dynamic capabilities: Understanding strategic change in organizations*. Malden, MA: Blackwell Publishing.

Law, J. (1994). *Organizing modernity*. Oxford, UK: Blackwell.

Madsbjerg, C., & Rasmussen, M. B. (2014). *The moment of clarity: Using the human sciences to solve your toughest business problems*. Boston, MA: Harvard Business Review Press.

Slater, S. F., & Narver, J. C. (1998). Customer-led and market-oriented: Let's not confuse the two. *Strategic Management Journal, 19*, 1001–1006.

語句索引

●数英

３Ｐフレームワーク ……………………130
AVAN ……………………………………164
BTO（Build to Order）……………………78
DAO（Decentralized Autonomous
　Organization：分散自律型組織）………101
DRAM …………………………………19, 74
G-Dロジック ……………………………37, 164
GDP（国内総生産）………………………60
MVP ………………………………………82
Ｐ２Ｐ ……………………………………101
Ｐ２Ｐネットワーク ………………………55
S-Dロジック ……………………………37, 164
S-Dロジックの基本前提 …………………38
S-Dロジックの公理 ………………………38
SAP ………………………………………129
SMARTアプローチ ………………………135
Tier 1メーカー …………………………157
YouTuber …………………………………166

●あ行

アステカ帝国 ……………………………100
アダプションチェーン・リスク …………146
後補充 ……………………………………94
アパッチ族 ……………………………99, 100
異質な活動 ………………………………147
一般的等価物 ……………………………15
入れ子状の階層構造 ……………………155
インターネット …………………………100
受取手 …………………………2, 74, 167
売り逃し …………………………………102
売渡意欲 …………………………………23

売れ残り …………………………………103
営利企業 …………………………………165
エッジ型組織 ……………………………101
大きな塊 ………………………………66, 70
オーディオRAM（ARAM）………………75
押出し方式 ………………………………88

●か行

カイゼン …………………………………87
階層型組織 ……………………………101, 125
外的統合 …………………………………84
価格シグナル ……………………………106
価格メカニズム …………………………104
過剰消費 …………………………………63
仮想通貨 …………………………………53
片づけるべきジョブ ……47, 76, 103, 114, 116,
　156, 169
価値共創 ………………………………37, 172
価値形態論 ………………………………15
価値主義 …………………………………166
価値創造システム ………………………132
価値ネットワーク ………155, 157, 158, 164
活動価値受容者ネットワーク（AVAN）
　………………………………164, 169, 171, 174
活動システム …………………………153, 168
活動システム・マッピング ………………153
活動の分析 ………………………………113
活動ベース ………………………………169
活動ベース情報 …………………………149
ガバナンス・プロセス …………………170
ガバナンス・ミーティング ……………124, 134
完全公共均衡（Perfect Public Equilibria：
　PPE）……………………………………56

かんばん方式 ································· 88
起業家 ························ 2, 18, 80, 174
企業価値 ································· 135
企業主語 ······························ 3, 163
企業内顧客 ······························ 91
気遣い ································· 167
逆行監理（Backward Policing）······ 105, 112
競合企業 ································· 172
競争的使用価値 ··························· 173
協調 ································· 147
協働 ································· 147
協働モード ··························· 148, 157
切れ目のない作業の流れ ····················· 90
緊密に相補的な活動 ··················· 148, 157
クレジット・カード ······················· 75
経営コンサルタント ························· 3
経営資源 ································· 142
経営理念 ································· 135
計画経済 ······························ 97, 117
ゲインクリエーター ······················· 46
ゲートキーパー ··························· 83
ゲーム理論 ······························ 56
限界効用 ································· 66
限界費用 ······························ 62, 64
権限委譲 ································· 126
現場の人間 ······························ 98
顕名性 ································· 68
交換価値 ······ 13, 18, 21, 25, 43, 52, 57, 61, 62, 64, 150
合同 ································· 147
コーチ ································· 116
顧客開拓 ································· 80
顧客開発モデル ························· 80, 103
顧客価値 ······························ 3, 20
顧客実証 ································· 80
顧客従属 ································· 170
顧客知識 ··························· 106, 108

顧客ニーズ ······················· 3, 155, 168, 170
顧客の獲得価値 ··························· 21
顧客の許容リードタイム ····················· 93
顧客の購買基準 ··························· 150
顧客の受容可能性 ······ 4, 77, 81, 87, 105, 115, 136, 167, 169
顧客発見 ································· 80
顧客プロフィール ··························· 46
コヒーレントなパターン ····················· 149
コンシャス・カンパニー ····················· 136
コンシャス・キャピタリズム ················· 135

●さ行

サークル ································· 123
サービス・マネジメント ····················· 36
最終的決済手段 ··························· 59
債務 ································· 59
錯視 ································· 15
サブ・サークル ··························· 124
サプライ・サイド ··························· 163
サプライ・サイド視点 ····················· 173
サプライチェーン ····················· 145, 157
差別化システム ··························· 153
産出物の流動性 ··················· 86, 87, 171
シェアリング・エコノミー ··················· 108
シェアリング（共有）··············· 67, 70, 72
事業戦略 ··························· 153, 155
資源統合者 ······························ 41
自工程完結 ··················· 91, 105, 112
自己革新能力 ··························· 174
資産特殊性 ································· 143
自主管理型組織 ··················· 122, 131, 170
市場志向 ································· 170
市場取引 ································· 147
実践慣行 ································· 130
実践行為 ································· 130
実践者 ································· 130

実践としての戦略	129	製品工数の平準化	89
実用最小限の製品（minimum viable product：MVP）	81	製品生産の平準化	89
		製品多様性	93
支払意欲	22, 24	説得の困難性	144
資本主義	166	セットベース・コンカレントエンジニアリング	84
社会的な使用価値	13		
ジャスト・イン・タイム	88, 106, 112	ゼネラル・カンパニー・サークル	124
自由経済体制	117	ゼロサム・ゲーム	23, 46
集権型組織	99	全社的品質管理	90, 93
重量級プロダクト・マネジャー	84, 103	センスメーカー	167
従量制課金	69	センスメーキング・リーダー	167
従量制課金方式	68	全体主義国家	117
需給ギャップ	103, 118	選択的注意	112
受注生産	92, 94	専門家	112
受注製造直販	78, 107	専門化	147
使用価値 11, 12, 18, 21, 25, 30, 32, 37, 42, 45, 52, 62, 76, 152, 164, 172		専門家集団	116
		戦略キャンバス	130
消費経験	32, 36, 42, 47	戦略クラフティング	127
消費者価値	30	戦略形成（strategizing）	129, 131
消費者指向	90	戦略策定	128
消費者余剰	61	戦略実行	128
情報通信技術（ICT）	62	戦略プランニング	3
使用目的	11	戦略ホイール	133
職能部門	113	相補性	149
ジョブ理論	47	相補的な活動	147
所有権の販売	67	組織構築	80
進化経済学	173	組織図	115
進化的な適合度	172	組織デザイン	149
新規参入	104	素朴な考え	3
信頼のプロトコル	55	ソリューション	45
垂直統合	155		
ステークホルダー	135	●た行	
ステークホルダーの受容可能性	136	ダイナミック・ケイパビリティ論	171
ステージ・ゲート方式	82, 105	大量生産	88
ストア管理	94	ダイレクト・モデル（受注製造直販） 78, 92, 106	
生産の境界	60		
制度の配合	43	対話としての競争	173

多品種少量生産 …………………… 88	
多目的貨幣 ……………………… 58	
知行合一 …………………… 129, 130	
知識・情報移転の困難性 ………… 143	
知識労働者 ……………………… 112	
秩序 ……………………… 170, 171	
秩序化 …………………………… 171	
知的財産権 ……………………… 64	
注意（アテンション）…………… 110	
著作権 …………………………… 64	
定額制課金方式 ………………… 69	
テクニカルな適合度 …………… 172	
デマンド・サイド経営学 ……… 163	
デマンド・サイド視点 …… 164, 166, 170, 173	
電動化 …………………………… 158	
動学的取引コスト（dynamic transaction cost）………………… 144, 155	
動詞の経営学 …………………… 171	
動詞の社会学 …………………… 171	
等置関係 ………………………… 15	
同類の活動 ……………………… 147	
特定目的貨幣 …………………… 58	
匿名経済 ………………………… 68	
特許権 …………………………… 64	
トヨタ生産方式 ……………… 87, 93	
取引相手候補不在 ……………… 143	
取引コスト ……………………… 144	
トレーサビリティ ……………… 68	

●な行

内製 ……………………………… 143	
内的統合 ………………………… 84	
ナッシュ均衡 …………………… 56	
ナンタン ………………………… 100	
認知便益 …………… 21, 22, 24, 52, 69, 164	

●は行

バリュー・グリッド …………… 92	
バリュー・ショップ …………… 151	
バリュー・ストリーム …… 86, 105, 112	
バリュー・チェーン …………… 92, 149	
バリュー・プロポジション …… 41, 43, 106, 133, 172	
ピア・ツー・ピア ……………… 101	
ピア・ネットワーク ………… 101, 109	
ビジネス・プロセス …………… 113	
ビジネスモデル ………………… 80	
ひずみ ……………… 122, 124, 170	
ビッグ・ハイア（大きな雇用）… 49	
ビッグ・ブラザー ……………… 97	
引っ張り方式 …………………… 88	
品質管理 ………………… 90, 105	
ファシリテーター ……………… 124	
物神性（Fetischismus）… 16, 21, 53	
部品工数の平準化 ……………… 90	
部品使用の平準化 ……………… 89	
プラクシス ……………………… 130	
プラクティショナー …………… 130	
プラクティス …………………… 130	
プラットフォーム ……………… 108	
フリー …………………… 63, 65	
ブルー・オーシャン …………… 128	
プロジェクト・ポートフォリオ … 128	
プロセス・オーナー …………… 116	
プロセス・パフォーマー ……… 116	
プロセス・マップ ………… 115, 169	
プロセス中心型組織 …… 115, 116, 127	
ブロックチェーン …… 53, 56, 101, 166	
プロトタイプ思考 ……………… 82	
分業 ……………………………… 147	
分権 ……………………………… 98	
分権型組織 ……………………… 99	

分断的イノベーション ……………… 159	唯脳論 ………………………………… 129
平準化 ………………………………… 89	遊休時間 …………………………… 66, 70
ペインリリーバー …………………… 46	遊休設備 …………………………… 66, 70
ベストエフォート型サービス ……… 69	ユーザーの活動に基づく計画 ……… 76
ペルソナ（人格）…………………… 136	
法的なトリック ……………………… 64	
保証型サービス ……………………… 69	
ホラクラシー …………… 122, 133, 170	
ホラクラシー憲法 ……… 123, 124, 139	

●ま行

●ら行

マニュアル …………………………… 121	リアル・マネー（貨幣）…………… 57
見込み生産 …………………………… 94	リードリンク ………………… 124, 126
ミドリムシ ……………………… 29, 41	リーン・スタートアップ ……… 81, 103
目的 ……………… 20, 132, 134, 136, 170	リーン生産 …………………………… 96
目標 ………………………………… 134	リエンジニアリング ………………… 113
	リソース・ベース戦略論 …………… 171

●や行

役割 ………………………………… 123	立憲主義経営 ………………………… 170
	リトル・ハイア（小さな雇用）……… 49
	流動性 …………………………… 74, 167
	利用権の販売 ………………………… 67
	ルール ……………………………… 170
	レッド・オーシャン ………………… 128
	レプリンク ………………………… 124

人名索引

●あ行

アグリエッタ（Aglietta, M.）········· 59
アドナー（Adner, R.）··············· 146
アルバーツ（Alberts, D. S.）········ 101
アンダーソン（Anderson, C.）········· 65
アントノプロス（Antonopoulos, A. M.）··· 54
イアンシティ（Iansiti, M.）··········· 75
石井淳蔵··························· 158
石川馨····························· 90
石原武政··························· 173
出雲充····························· 29
井上義朗··························· 173
岩田聡······························ 2
ウィッティントン（Whittington, R.）····· 130
ヴェブレン（Veblen, T.）············ 165
ウォード（Ward, A. C.）············· 86
ウォマック（Womack, J. P.）·········· 96
ウォル（Wal, T. V.）················· 36
ウォルフ（Wolfe, N.）··············· 127
エジソン（Edison, T. A.）············ 141
オーウェル（Orwell, G.）············· 97
オーレット（Aulet, B.）·············· 18
大野耐一··························· 87
大前研一···························· 3
大森信····························· 129
小川進····························· 77
奥出直人··························· 82
オスターワルダー（Osterwalder, A.）··· 46
オルレアン（Orléan, A.）············· 59

●か行

ガスマン（Gassmann, O.）·········· 135

●さ行

キム（Kim, W. C.）·········· 128, 129
ギャドレ（Gadrey, J.）··············· 40
キャプラン（Kaplan, R. S.）····· 105, 128
キャプラン（Kaplan, S.）············ 130
クーパー（Cooper, R. G.）··········· 82
クラーク（Clark, K. B.）············· 84
クリステンセン（Christensen, C. M.）····· 47, 155, 159
グルンルース（Grönroos, C.）········· 36
グレイ（Gray, D.）··················· 36
コイル（Coyle, D.）················· 60
コース（Coase, R. H.）············· 144
コールマン（Coleman, J. M.）······· 105
國領二郎··························· 68
小島寛之··························· 56
紺野登···························· 134

●さ行

サイモン（Simon, H. A.）··········· 110
佐々木眞一·························· 91
佐藤航陽··························· 166
サラスバシー（Sarasvathy, S. D.）····· 131
シソーディア（Sisodia, R.）·········· 135
ジャーザブコウスキー（Jarzabkowski, P.） ······························· 130
正垣泰彦··························· 127
ジョンソン（Johnson, G.）··········· 129
ジョンソン（Johnson, H. T.）····· 90, 105, 149
ジョンソン（Johnson, S.）··········· 100
ジンメル（Simmel, G.）·········· 14, 27
鈴村尚久························ 87, 93
スタベル（Stabell, C. B.）··········· 151
スレイター（Slater, S. F.）·········· 170

人名索引　191

セドラチェク（Sedláček, T.）……………… 63
ソベック（Sobek II, D. K.）………………… 86

●た行

高橋伸夫 ………………………………… 169
タプスコット（Tapscott, D.）……………… 55
チア（Chia, R.）…………………………… 131
チャンピー（Champy, J.）………………… 113
デ・グース（de Geus, A.）………………… 136
デル（Dell, M.）………………………76, 78
デュシャン（Duchamp, M.）……………… 52
ドゥロネ（Delaunay, J-C.）………………… 40
ドラッカー（Drucker, P. F.）…… 20, 112, 113,
　134
トンプソン（Thompson, J. D.）…………… 169

●な行

ナーバー（Narver, J. C.）………………… 170
ナポレオン（Napoléon, B.）……………… 73
沼上幹 …………………………………… 173
根来龍之 ………………………………… 153
ノートン（Norton, D. P.）………………… 128
野口悠紀雄 ……………………………… 101

●は行

パー（Parr, B.）…………………………… 109
バーゴ（Vargo, S. L.）…………………… 37
バーンスタイン（Bernstein, E.）…… 126, 127
ハイエク（Hayek, F. A.）…… 98, 104, 117, 170
バスティア（Bastiat, F.）………………… 40
ハマー（Hammer, M.）…… 113, 114, 115, 127,
　169
パルーティス（Paroutis, S.）……………… 130
バンクシー（Banksy）…………………… 51
ピル（Pil, F. K.）………………………… 92
廣田俊郎 ………………………………… 160
ファーガソン（Ferguson, N.）…………… 74

フィエルスター（Fjeldstad, Ø. D.）……… 151
フォード（Ford, H.）……………………… 141
藤本隆宏 ………………………………… 84
ブラフマン（Brafman, O.）……………… 99
ブランク（Blank, S. G.）………………… 80
ブリニョルフソン（Brynjolfsson, E.）…… 61
古川健介（けんすう）…………………… 79
ブルムズ（Bröms, A.）…………………… 90
ヘイズ（Hayes, R. E.）…………………… 101
ベックストローム（Beckstrom, R. A.）…… 99
ヘルファット（Helfat, C. E.）…………… 172
ポーター（Porter, M. E.）…………… 149, 153
ポランニー（Polanyi, K.）………………… 58
ホルウェグ（Holweg, M.）……………… 92
ホルト（Holt, R.）………………………… 131
ホルブルック（Holbrook, M.）…… 30, 32, 34
本田宗一郎 ……………………………… 49

●ま行

マカフィー（McAfee, A.）………………… 61
マキナニー（McInerney, F.）…………… 19
マスビアウ（Madsbjerg, C.）…………… 167
松井忠三 ………………………………… 121
マッキー（Mackey, J.）…………………… 135
松下幸之助 ……………………………… 62
マルクス（Marx, K.）…………………… 15
ミンツバーグ（Mintzberg, H.）………… 127
村上隆 …………………………………… 51
モーガン（Morgan, J. M.）……………… 84
モーガン（Morgan, M.）………………… 128
モボルニュ（Mauborgne, R.）………128, 129
モンゴメリー（Montgomery, C. A.）…… 132
門田安弘 ………………………………… 88

●や行

柳井正 …………………………………… 77
湯之上隆 ………………………………… 19

養老孟司 ·········· 129
吉田忠裕 ·········· 135

●ら行

ライカー（Liker, J. K.）·········· 84
ラスムセン（Rasmussen, M. B.）·········· 167
ラッシュ（Lusch, R. F.）·········· 37
ラングロワ（Langlois, R. N.）·········· 144
リース（Ries, E.）·········· 81
リチャードソン（Richardson, G. B.）····· 147,

157
リドー（Lidow, D.）·········· 2
リフキン（Rifkin, J.）·········· 62
レビーン（Levien, R.）·········· 75
ロー（Law, J.）·········· 171
ローゼンブルーム（Rosenbloom, R. S.）·· 155
ロスチャイルド（Rothschild, N. M.）······ 73
ロバーツ（Roberts, J.）·········· 149
ロバートソン（Robertson, B. J.）····· 122, 126

■著者紹介

宮崎　正也（みやざき　まさや）

名古屋大学大学院経済学研究科准教授
1974年，千葉県生まれ
千葉大学卒業，東京大学大学院修了，博士（経済学）
大学では経営学の講義を行うが，本人は経済学者だと自任する。

主な著書

『コア・テキスト 事業戦略』新世社，2011年（単著）
『東アジアのモノづくりマネジメント』中央経済社，2012年（分担執筆）
『超企業・組織論』有斐閣，2000年（分担執筆）

デマンド・サイド経営学
顧客と共創する使用価値

2019年7月15日　第1版第1刷発行

著　者	宮　崎　正　也	
発行者	山　本　　継	
発行所	㈱中央経済社	
発売元	㈱中央経済グループ パブリッシング	

〒101-0051　東京都千代田区神田神保町1-31-2
電話　03(3293)3371(編集代表)
　　　03(3293)3381(営業代表)
http://www.chuokeizai.co.jp/

ⓒ 2019
Printed in Japan

印刷／㈱堀内印刷所
製本／侑井上製本所

＊頁の「欠落」や「順序違い」などがありましたらお取り替えいた
しますので発売元までご送付ください。（送料小社負担）
ISBN978-4-502-31251-9　C3034

JCOPY〈出版者著作権管理機構委託出版物〉本書を無断で複写複製（コピー）することは，
著作権法上の例外を除き，禁じられています。本書をコピーされる場合は事前に出版者著
作権管理機構（JCOPY）の許諾を受けてください。
　JCOPY〈http://www.jcopy.or.jp　e メール：info@jcopy.or.jp〉

いま新しい時代を切り開く基礎力と応用力を兼ね備えた人材が求められています。

このシリーズは，各学問分野の基本的な知識や標準的な考え方を学ぶことにプラスして，一人ひとりが主体的に思考し，行動できるような「学び」をサポートしています。

ベーシック＋専用HP

中央経済社